들리는 설교 유혹하는 예화

KB193184

100권의 책

100개의 문장

들리는 설교 ──────
유혹하는 예화

이재현 지음

신울

세상에 있는 모든 진리는 하나님의 진리이고, 세상에 있는 모든 아름다움은 하나님의 아름다움의 반영이다. 저자는 단순히 신앙 서적과 기독교 문화 안에서의 하나님을 소개하는 것이 아니라 세상 모든 학문을 다 섭렵해 세상 속에 숨겨져 있는 하나님을 발견해 드러내준다. 성경이라는 안경을 쓰고 자연과 세계라는 무대를 바라보면서 그 속에 숨겨져 있는 일반은총에 담긴 진리의 파편들을 성경의 관점과 연결해서 설명하는 대목은 놀라움을 넘어 경탄의 소리를 지르게 한다. 저자의 눈으로 성경을 볼 수 있다면, 그리고 저자의 눈으로 세상을 볼 수 있다면, 온 세상 속에 가득 찬 하나님의 영광을 누리고 맛볼 수 있을 것이다. 국내외 소설부터 과학, 사회, 예술, 문화를 넘나드는 다양한 책들이 등장한다. 어떻게 한 사람의 지성 안에 이토록 다양한 아름다움이 하나로 엮어질 수 있는가! 마치 나니아의 옷장을 열고 또 다른 세계로 인도를 받는 기분이다. 글을 읽으면 문장 하나 하나마다 숨길 수 없는 저자의 내공이 강하게 흐른다.

- 고상섭 목사 | 그 사랑교회, CTCKorea 이사

이재현 목사는 "엄마, 엄마, 엄마! 이것 좀 봐봐요. 우와! 엄청나지 않아요."라고 말하는 아이처럼 매사에 잘 놀라고 감탄하고 신기해한다. 뭔 말을 듣고 뭔 책을 읽고 나서는 "배웠어요, 알게 되었어요, 그런 거군요"라는 말을 서슴없이 한다. 내 것 아닌 것을 원래부터 내 것인 듯 말하는 나와는 달리, 이미 자기화 했으면서도 굳이 자기 것이 아니라는 걸 밝힌다. 이 사람과 어울리면 내가 근사해지고 귀해진다. 그런 그가 넘어졌을 때 나는 근처에 있었다. 낯빛이 흙빛이 되어 휘청거릴 때도 그는 여전히 따스했고, 신음하면서 책을 읽고 글을 썼다. 끙끙거리며 내놓은 글에 나는 쩔쩔맸다. 내 것인양 써먹었는데 죄책감을 덜려고 책으로 내자고 했다. 독자들을 공범共犯으로 만들려고. 그런 줄도 모르고 맘 좋은 사람이 또 속아 넘어갔다. 우리 같이 유쾌한 공범이 되자.

－ 박대영 목사 | 광주소명교회, 『묵상과 설교』 책임편집

"잠은 언제 자요?" 저자를 만나면 묻고 싶은 말이다. 이재현 목사는 책을 많이 읽는 사람이기도 하지만, 그 종류가 다양함이 더욱 놀랍

다. 독서가 물을 긷는 두레박이라 한다면, 이 목사는 특별한 깊이에 이르는 두레박을 가진 사람이라 할 수 있다. 대체로 '예화집'은 내가 정해 놓은 결론을 뒷받침하는 이야기를 꺼내어 소비하기 위해 읽는 책이다. 그러나 이 책은 쉽게 소비되지 않는다. 독자에게 말을 걸어 오고, 고민하게 하고, 때로 심하게 흔들어 놓는다. 그가 인용하는 문장들 중에 "독서란 자아를 죽이는 자객을 만나는 것과 같다"는 말이 가장 기억에 남는다. 찔리지 않고 진리를 소유하는 길은 없다. 그 만큼 쉽지 않게 읽고, 씨름하고, 소화한 내용들, 수 없이 많은 상처를 통해 얻은 통찰들을 기꺼이 나누고자 하는 마음이 고맙다. 흔들릴 준비, 상처 받을 각오를 하고 이 책을 집어 드시길….

– 박영호 목사 | 포항제일교회

단 한 권의 책만 읽은 인간을 경계하라는 말이 있습니다. 세상 책은 배설물과 같으니 성경만 읽으면 된다고 주장하는 분들은 모릅니다. '홀리' 바이블은 '언홀리'한 책을 경유해야 의미가 제대로 드러난다는 것을요. '한 권의 책'이 '숱한 세속의 책'을 통해 읽히지 않으면 종교전쟁, 인종말살, 군사독재, 자연파괴 등을 정당화하는 악마의 책이 됨을 역사는 거듭 확인해줍니다.

책을 읽어야 하는 것은 알지만 사실 성경 읽을 시간도 부족합니다. 그렇다면 문장수집가 이재현 목사님의 『들리는 설교, 유혹하는 예화』가 제격입니다. 신학과 영성은 물론 문학, 예술, 인문, 사회를 아우르는 폭넓은 독서, 어느 쪽을 펴든 막힘이 없이 술술 풀어내는 유려한 문장, 성경 구절을 병행해서 묵상과 설교를 돕도록 한 배려 등 빠짐이 없는 역작입니다. 『들리는 설교, 유혹하는 예화』는 설교를 풍요롭게 해줄 탁월한 예화집일 뿐만 아니라 삶을 풍요롭게 해줄 문장의 향연장입니다.

– 박총 목사 | 『읽기의 말들』, 『내 삶을 바꾼 한 구절』 저자

이재현 목사님은 다독가입니다. 목사님의 서재에는 발 디딜 틈 없이 책으로 가득 차 있습니다. 목사님과 몇 년 째 독서모임을 함께 하고 있는 저는 목사님이 책을 얼마나 깊이 있게 읽고 사색하고 그것을 나누는 일을 행복해 하는지 잘 알고 있습니다. 언젠가 목사님께 왜 그렇

게 책 읽는 것을 좋아하냐 물었더니, 삶이 힘겨워 넘어졌을 때 자신을 일으켜준 것이 '책'이라고 했습니다. 이 책은 그렇게 쓰인 글로 가득 차 있습니다. 때로는 내 자신에 실망하여 넘어졌을 때, 누군가의 모함과 비방으로 관계가 바닥을 칠 때, 아무도 모르는 은밀한 유혹 앞에 흔들릴 때, 하나님 앞에서 내 죄과가 너무 무거워 숨 쉬기가 어려울 때, 목회자 이전에 한 사람의 인간으로써 남모를 혼돈과 두려움을 느낄 때 거기서 구원받은 한 사람이 있습니다. 많은 노래가 있어도 한 노래가 가슴을 후비듯 많은 문장 속에서도 영혼을 관통하는 한 줄을 부여잡고 묵상으로 녹여내어 세상에 내 놓은 책이 여기 있습니다.

- 손희선 목사 | 열린벧엘교회

근래에 만난 가장 아름다운 책이다. 이 책을 읽으며 충만하다는 느낌을 받았는데 아주 오랜만에 느끼는 감정이라 참 좋았다. 100여권의 책에서 찾아낸 지혜가 가득한 탓일까, '힘내'라는 말 대신 구체적인 문장과 통찰이 얼마나 힘과 용기를 주는 가를 새삼 느꼈다. 누군가 내게 설교나 예화에 대한 책을 묻는다면 이 책을 손에 쥐여 주겠다. 설교와 삶의 지혜를 일깨워줄 보물 같은 문장들이 가득한 이 책을.

– 이정일 목사 | 『문학은 어떻게 신앙을 더 깊게 만드는가』 저자

곰곰이 생각해 보면, 내가 책을 읽는 목적은 잃어버린 균형을 다시 되찾기 위해서였던 것 같다.

어린 아이는 걸음마를 배우면서 수천 번 넘어진다. 걸음마를 배울 때 걷는 것 만큼이나 중요한 것이 넘어지는 것이다. 어린 아이가 온전히 걷기 위해서는 반드시 넘어지는 횟수를 채워야 한다. 그런데 넘어지는 것은 어른이 되었다고 해도 예외가 아니다. 사람이 인격적 존재로서 온전함integrity으로 나아가기 위해서는, 넘어지고 일어나는 아프고 힘든 과정을 반드시 거쳐야 한다. 내가 자서전과 평전을 유난히 좋아하는 것도 '넘어지는 이야기'가 빠지지 않고 나오기 때문이다. 나는 넘어질 때 질문이 생겼다. 그래서 질문에 대한 답을 찾으려고 책을 읽었다. 책을 읽다가 내 마음을 대변해 주거나, 다른 각도에서 문제를 바라보게 해 주는 문장을 만날 때 마다 정성껏 밑줄을 그었다. 그리고 책 여백에는 따로 내 생각과 느낀 점을 적어놓았다.

"모든 문제에는 답이 있다. 나쁜 것도 더 나쁜 것에 비하면 좋은 것이다." 라는 문장을 읽다가 한참 동안 그 앞에서 멍했던 기억이 있다. 얼마나 시간이 지났을까, 정신을 차리고 보니 나를 힘들게 했던 문제가 전혀 다르게 보였다. 넘어지면서 읽은 문장들은 일부러 암기하지 않아도 잊혀지지 않았다. 배고플 때 먹는 밥이 맛있듯이, 지독한 목마름과 절박한 마음으로 읽은 문장들이었기에 가능했던 일이었다. 나를 키운 건 넘어질 때 읽은 문장이라고 해도 과언이 아니다. 마틴 루터Martin Luther는 인간의 내면을 맷돌에 비유하면서 맷돌에 곡식을 넣지 않고 돌리면 맷돌이 마모 된다고 했다. 인생의 무게로 휘청거릴 때, 마음의 맷돌에 넣을 한 문장곡식이 있는 사람은 무너지지 않는다. 이 책이 누군가의 내면의 맷돌에 넣고 돌릴 곡식이 되기를 소망한다.

이어령 교수는 자신의 독서론을 양이 풀을 먹는 것을 예를 들어 설명했다. 양은 풀을 먹을 때, 자기가 먹고 싶은 것부터 먹는다. 앞에서부터 차근차근 순서대로 먹는 양은 없다. 나 역시 서론과 목차를 읽다가 마음을 건드리는 문장이나 단어를 만나면 곧장 그곳으로 가서 읽기 시작한다. 어떤 때는 결론부터 읽은 다음 구체적인 부분으로 넘어갈 때도 있다. 물론 공감이 되는 문장은 밑줄을 긋고 수십 번 읽고 숙고한다. 그러다 보면 내 안의 아픔이 중화된다. 아무리 깊은 상처라도 중화되면 더 이상 나를 무너뜨릴 수 없다. 그리고 그때부터 새로운 여정이 시작된다. 이 여행은 저자가 운전하는 차를 타고 한 번도 가보지 않는 곳을 향한다. 두려운 마음도 있지만, 설레는 마음이 훨씬 크다. 독서와 묵상이 주는 유익은 무엇일까. 그것은 복구 불가능한 과거의 상처입은 생각에 찾아온 새로운 이야기의 방문일 것이다. 그 결과, 할 수 없다고 생각했던 과거의 나는 사라지고, 할 수 있는 인간으로 다시 태어난다.

그동안 읽고 묵상했던 이야기를 7개의 주제로 분류했다. 글을 분류하면서 복음, 말씀, 예배, 세계관, 정체성, 역설, 소망이라는 키워드가 나왔다. 주제별로 읽어도 좋겠지만, 제일 권하고 싶은 것은 내가 가진 문제를 가지고 읽는 것이다. 넘어진 자리는 질문하는 자리고, 발견하는 자리다. 질문과 의문을 가지고 읽을 때, 내게 필요한 문장이나 생각이 불현듯이 찾아온다. C. S. 루이스Clive Staples Lewis는 그것을 "예기치 못한 기쁨"이라고 했다. 그 기쁨을 설교로 나누고, 삶 속에서 적용할 때 삶에 대한 시선이 깊어지고, 나와 다른 사람들을 통해서 찾아오시는 하나님을 만날 수 있다. 예수님은 우리에게 더 풍성한 생명을 주신다고 했다.요10:10 그 비밀이 요한복음 10장 9절에 나온다.

"내가 문이니 누구든지 나로 말미암아 들어가면 구원을 받고 또는 들어가며 나오며 꼴을 얻으리라."

들어가며 그리고 나오며. 예수님은 우리 안으로 들어가는 문일 뿐 아니라, 그 문은 우리 밖으로 나가는 문이기도 하다. 안전만 생각하면 우리 안에만 있어야 할 테지만, 예수님의 풍성한 생명은 문을 열고 나갈 때 찾아온다. 문밖에서 우리를 기다리고 있는 것은 무엇일까. 괴테Johann Wolfgang von Goethe는 "인간은 지향이 있는 한 방황한다."고 했다. 기독교인의 독서는 지향이 있는 독서다. 신자의 삶은 해피엔딩이다. 하지만 그 여정에는 늪, 수렁, 사막, 낙심, 우겨 쌈, 넘어짐이 있다. 이 책이 목회 현장에서 수고하시는 목사님들과 눈물 골짜기를 통과하고 있는 성도님들에게 계속해서 전진할 수 있는 용기를 드리고, 당면한 문제를 딛고 올라서는 작은 디딤돌이 되기를 소망한다.

지난 4년여 동안 성서유니온의 『묵상과 설교』에 연재했던 짧은 글을 다듬어서 책으로 내 놓는다. 『묵상과 설교』에 글을 쓸 수 있도록 기회를 주신 박대영 목사님께 감사드린다. 무명의 목사에게 지면을 허락하는 것은 대단히 큰 모험이었으리라. 평소 주변부와 낮은 곳을 주시하는 목사님과 성서유니온의 따뜻한 시선 덕분임을 잘 알고 있다.

과분한 추천사를 써 주신 고상섭, 박대영, 박영호, 박총, 손희선, 이정일 목사님께 감사드린다. 어떻게 이 빚을 갚아야 할지 모르겠다. 글을 다듬는 과정에서 큰 힘이 되어준 곽다훈 목사님, 황기춘 전도사님의 수고에 감사드린다. 만남은 축복이다. 2017년부터 아카데미 숨과 쉼의 운영위원으로 섬기면서 함께 고민하고 공부하는 귀한 동지를 만났다. 그리고 우정과 학습공동체 남수다는 내 삶의 활력이 되었다. 글을 쓰다가 지칠 때는 남수다 단톡방에 글을 올리고 격려를 받곤 했다. 김의신, 노민호, 박근호, 박대영, 박덕식, 서문원, 손희선, 장일, 진일교, 정준 목사님께 감사를 전한다. 책 출간을 응원해 준 김태호, 박남수, 박해성 목사님께도 감사를 전한다.

여기에 실린 글 대부분은 매 주일 충광교회 교우들과 설교를 통해서 나누었다. 충광교회 교우들과 책을 쓸 수 있도록 배려 해 주신 당회(이학제, 이강남, 이준식, 양희춘, 김준호, 홍건영 장로님)에 감사드린다.

늘 기도로 응원 해 주시는 양가 부모님 이용옥 장로님, 신은자 권사님, 박광춘 집사님, 류인자 권사님께 감사드린다. 나를 인문학의 세계로 이끌어준 『데칼로그』를 선물해 준 매형 이기봉과 이미현 누님께 감사드린다. 언제나 목회의 든든한 지원자가 되어 준 동생 이재광과 황미령 제수씨께도 감사의 마음을 전한다.

이 책이 잘 팔려서 사랑하는 아내 박현아에게 깜짝 선물을 할 수 있었으면 좋겠다. 이제 어엿하게 자란 두 아들 예준, 윤행이 이 책을 읽고 어떤 코멘트를 해 줄지 벌써부터 긴장된다.

끝으로, 내 목회의 스승이신 故박병윤 목사님께 이 책을 헌정한다. 고통과 눈물을 웃음으로 승화시킨 목사님의 설교와 인자한 모습이 그립다.

2022년 12월　이재현

차례

두 얼굴 171

그리스도인의 정체성

위험해야 안전하다 211

신앙의 역설

한줄기 빛

복음

세이렌의
유혹

> 자! 이리 오세요, 칭찬이 자자한 오뒷세우스여, 아카이
> 오이조의 위대한 영광이여! 이곳에 배를 세우고, 우리
> 두 자매의 목소리를 듣도록 하세요. 우리 입에서 나오는
> 감미롭게 울리는 목소리를 듣기 전에 검은 배를 타고 이
> 옆을 지나간 사람은 아직 아무도 없어요. 그 사람은 즐
> 긴 다음 더 '유식'해져서 돌아가지요.
>
> – 호메로스, 『오뒷세이아』, 숲, 272쪽

사람들은 왜 T익스프레스와 바이킹 같은 놀이기구를 탈까. 인간에게 모험의 욕구가 있기 때문이다. 인간은 안전한 상태에서 '위험'죽음을 경험하는 것을 좋아한다. 안전만 보장된다면, 리스크risk가 크면 클수록 인간의 모험 욕구도 상승할 것이다. 트로이 전쟁이 끝나고 집으로 귀향하는 오뒷세우스 앞에 등장한 세이렌은 오뒷세우스의 모험심을 자극하기에 충분했다. 하지만 지금까지 세이렌의 노랫소리를 듣고 살아난 사람은 단 한 사람도 없었다. 오뒷세우스는 두려우면서도 세이렌의 노랫소리가 무척 궁금했다. 오뒷세우스는 세이렌의 노랫소리를 안전하게 듣는 방법을 궁리하던 끝에, 다음과 같은 전략

을 세웠다. 노랫소리를 듣는 귀는 열어놓되, 노랫소리에 현혹되지 않도록 몸은 돛대에 단단히 묶기로 했다. 세이렌의 노랫소리는 오뒷세우스가 생각한 것보다 훨씬 더 강력했다. 세이렌의 노랫소리를 듣자마자 오뒷세우스는 자신의 결박을 풀어달라고 소리쳤다.

세이렌은 오뒷세우스가 지금까지 경험한 것, 그 이상을 경험하게 해 주겠다고 유혹했다. 단순히 유식해진다는 말이 아니라, 사탄이 아담과 하와를 유혹할 때 사용했던 바로 그 지식^知에 대한 유혹이었는지 모른다. 다행히 미리 세워놓은 전략 때문에 오뒷세우스는 세이렌의 노랫소리를 듣고도 살아남을 수 있었다. 부하들은 오뒷세우스가 몸부림을 칠수록 더욱더 단단하게 기둥에 묶었다. 목숨을 걸면서까지 오뒷세우스가 경험하고자 했던 세이렌의 노랫소리의 비밀은 무엇일까. 사실 세이렌의 노랫소리가 인도하는 곳에는 남자들의 뼈가 무더기로 쌓여 있었다. 세이렌의 노랫소리의 끝에는 허망한 죽음이 기다리고 있었다. 오뒷세우스가 그 사실을 알았을 땐, 이미 그의 몸은 감각의 과잉에 빠졌고, 통제 불능의 상태가 되고 말았다. 바울 사도는 갈라디아 교회를 향하여 "예수 그리스도의 십자가에 자신의 몸을 묶으라"고 권면한다.^{갈2:20} 히브리서 기자 역시 이미 들은 복음에 유념함으로써 세속에 떠내려가지 않도록 경고한다. 세이렌의 유혹을 극복하는 길은, 복음과 교회 공동체에 자신을 단단하게 묶는 것이 최고다. 단단한 진리에 자신을 묶어둔 사람만이, 세이렌의 유혹을 신앙의 모험으로 승화시킬 수 있을 것이다.

"그러므로 우리는 들은 것에 더욱 유념함으로 우리가 흘러 떠내려가
지 않도록 함이 마땅하니라"(히브리서 2:1)

○　세이렌seiren

그리스 신화에 나오는 아름답지만 치명적인 마력을 가진 자연의 정령들
nymphs이다. 절벽과 암초에 둘러싸인 섬에서 사는데, 배가 지나가면 신비로
운 노래를 불러 선원들을 유혹했다. 선원들은 노래에 미혹되어 세이렌이 있는
섬으로 뱃머리를 돌렸다가 암초에 걸려 배가 난파되어 죽거나, 배에서 뛰어내
려 바다에 빠져 죽었다고 한다.

중력과
은총

> 모든 존재는 자연의 필연성에 따라서 자기가 지닌 힘을 모두 사용한다. 영혼은 기체와 마찬가지로 주어진 공간을 완전히 채우려고 한다. 수축되는 기체, 빈자리를 남겨 두는 기체는 엔트로피 법칙에 어긋난다. 기독교의 신은 다르다. 유대의 여호와가 자연적인 신인데 반하여 기독교의 신은 초자연적인 신이다. 가진 힘을 모두 사용하지 않는 것, 그것은 빈자리를 견디는 것이다. 그 어떤 자연 법칙에도 어긋나며 오직 은총만이 할 수 있는 일이다.
>
> – 시몬 베유, 『중력과 은총』, 이제이북스, 24쪽

질서와 균형이 깨진 세상을 한 번 상상해 보자. 균형이 무너진 세상은 생각만 해도 끔찍하다. 잘못한 사람은 그에 합당한 벌을 받아야 한다. 만약 죄를 지었는데도 그에 상응한 처벌은 없고, 유전무죄有錢無罪, 무전유죄無錢有罪만 있다면, 그런 사회는 큰 혼란이 덮칠 것이다. 질서와 균형이 행복의 비밀이다. 무질서에 대한 균형을 찾을 때, 개인도 사회도 행복할 수 있다. 하나님은 이 세상을 질서와 균형의 법칙으로 운영하신다. 빈 공간에 기체가 차는 것도, 위에서 아래로 하강하는 중력의 법칙도 하나님의 질서요, 구원이다. 그러나 이런 질서

와 균형 외에도 하나님이 준비하신 또 다른 질서와 균형이 있다. 바로 하나님의 은총의 법칙이다. 프랑스의 사상가 시몬 베유Simone Weil는 하나님의 은총을 설명하면서 "가진 힘을 모두 사용하지 않는 것, 빈자리를 견디는 것"이라고 말한다. 시몬 베유는 이 세상을 통치하시는 하나님의 구원을 "중력"과 "은총"이라는 두 단어로 표현한다.

하나님의 구원에는 두 가지 패턴이 있다. 무질서를 질서로 바꾸는 중력의 법칙이 첫 번째 패턴이라면, 가진 힘을 다 사용하지 않고 견디는 은총이 바로 두 번째 패턴이다. 예수님의 십자가에는 이 두 가지 패턴이 동시에 드러난다. 십자가는 중력과 은총의 복음이다. 죄가 없으신 예수님은 인간의 죄를 끌어안고 십자가에 못 박히셨다. 예수님의 십자가는 두 명의 강도가 못 박힌 십자가 사이에 있다. 십자가는 중력과 은총이 함께 있는 복음이다. 거룩하신 예수님은 스스로 불균형의 자리로 내려가셨다. 그래서 기독교의 십자가는 올려다보는 십자가가 아니다. 고개를 돌리면 이미 내 곁에 와 있는 십자가다. 예수님의 십자가는 내용만큼이나, 십자가가 서 있는 위치가 중요하다. 예수님의 십자가는 죄인과 죄인 사이에 있는 십자가다. 그래서 우리가 고개를 돌리면 바로 내 옆에 와 있는 십자가다. 은총의 십자가다.

"해골이라 하는 곳에 이르러 거기서 예수를 십자가에 못 박고 두 행악자도 그렇게 하니 하나는 우편에, 하나는 좌편에 있더라"(누가복음 23:33)

내가 만난
그리스도

> 오늘날 많은 사람들이, 인간이 주체가 되는 방법을 통해 성서에 접근하고 이해합니다. 설교를 들을 때도 인간이 주체가 되어 듣습니다. 하나님, 성서, 설교의 말씀은 인간의 인식의 대상, 즉 객체가 됩니다. 이런 방법으로 하나님을 만난 사람은, 자기 인식/체험의 한계를 벗어나지 못합니다. 이 구조 안에서는, 하나님은 인간의 자기-체험의 범위 안에 있습니다. 이런 하나님-인식과 하나님-체험은 오래가지 않습니다.
>
> — 김동건, 『그리스도는 누구인가』, 대한기독교서회, 39쪽

인간의 마음은 종교를 만드는 공장이다. 믿음이 없는 사람은 없다. 단, 자신이 만든 신을 숭배하느냐, 아니면 성경이 계시하는 하나님을 섬기느냐의 차이만 있을 뿐이다. 우상과 하나님을 어떻게 분별해야 할까. 내가 만든 우상이 아닌, 성경의 하나님을 만나기 위해서는 먼저 내 마음속 종교 공장의 전원을 끄고, 하나님이 주체가 되어 우리에게 오시기를 기다려야 한다. 하나님을 만난 사람은 공통점이 있다. 어거스틴Augustinus, Augustine of Hippo은 하나님 안에 거하기 전까지 자신의 영혼이 안식하지 못했다고 말했다. 하지만 어거스틴이

참된 안식을 경험하기 전, 그가 경험했던 하나님은 두려움과 위기를 직면케 하시는 하나님이었다. 죄에 갇힌 인간이 하나님 앞에서 할 수 있는 것은, 절망과 위기밖에 없다.

하나님 앞에서 정직하게 자신을 인식한 사람은 어떻게 될까. 그 사람은 오직 하나님의 은혜를 의지하고 추앙한다. 또한, 하나님은 하나님 앞에서 두려움과 위기로 절망한 자에게 은혜를 주신다. 절망과 위기로 추락한 사람만이 하나님의 은혜를 딛고 다시 올라간다. 신기하고 놀랍다. 추락과 동시에 상승이라니. C. S.루이스Clive Staples Lewis 는 자신의 자서전에는 무신론에서 유신론으로, 그리고 유신론에서 기독교로 이동했던 자신의 경험을 말한다. 유신론에서 기독교로 이동하기 전, 루이스는 동료 교수 톨킨John Ronald Reuel Tolkien과 대화를 나눈다. 왜 그리스도 중심의 삶이어야 하는지에 대한 톨킨의 설명을 듣고, 마지막 남은 퍼즐 조각을 끼운다. 하나님 없는 절망은 냉소와 불신으로 이동하지만, 하나님 앞에서 정직한 절망은 오직 그리스도를 발견하고, 그리스도라는 빛을 통해서 세상과 자신을 바라보게 한다.

"너희가 나를 택한 것이 아니요 내가 너희를 택하여 세웠나니 이는 너희로 가서 열매를 맺게 하고 또 너희 열매가 항상 있게 하여 내 이름으로 아버지께 무엇을 구하든지 다 받게 하려 함이라"(요한복음 15:16)

복음의
두 얼굴

> 좋은 설교란 괴로운 자들에게 평안을, 평안한 자들에게
> 괴로움을 주어야 한다는 것이다. 이것이 묵시록의 저자
> 가 이 책을 쓴 목적이다. 그의 독자가 로마인에게 억압
> 을 느끼고 있다면 본문에서 이어지는 서사의 흐름을 따
> 라 고난에서 위안으로 옮겨가는 경험을 할 것이다. 그러
> 나 저자는 또 소아시아에서 너무 평안하게 지낸다고 보
> 이는 사람들에게도 하고 싶은 말이 있다. 그 평화가 세워
> 진 기반에는 살인과 불의가 있다는 것을 인식해야 한다.
>
> – 데일 마틴, 『신약읽기』, 문학동네, 625쪽

복음에는 Yes와 No가 있다. 격려가 필요한 자들에게 복음은 위
로와 평안을 주지만, 거짓 평화에 도취 된 자들에게는 괴로움을 준
다. 이것이 복음의 특징이다. 복음은 언제나 두 얼굴이 있다. 좋은 설
교는 긍정과 부정이 있다. 긍정적인 설교지만 복음과 거리가 먼 설교
가 있고, 부정적인 설교지만, 그 설교를 듣는 이들이 깨어날 수 있다.
복음은 Yes할 때와 No할 때를 분별한다. 예수님은 삭개오와 사마리
아 여자에게 Yes라고 하셨다. 사람들로부터 No라는 말을 수도 없이
들었던 터라, 예수님의 Yes가 그들에겐 무척 당황스러웠다. 자신들

의 예상과 다르게 작동된 복음에 두 사람 모두 허가 찔리고 말았다. 찔린 곳이 아팠지만, 그 아픔은 행복한 통증을 유발했다. 반대로 바리새인들에게 예수님은 단호한 목소리로 No라고 말씀하셨다. 그들의 평화가 그들을 위태롭게 했기 때문이다. 하나님의 말씀에는 Yes와 No가 있다. Yes와 No는 내용만큼 그 순서가 중요하다. 그리고 이 순서를 결정하는 분은 우리가 아닌 복음이다. 하나님은 야곱의 환도 뼈를 치신 것처럼, 우리의 고정관념을 해체하신다.

우리가 잘 아는 시편 23편에도 Yes와 No가 있다. 양 떼를 지키는 목자는 지팡이와 막대기를 들고 있다. 머리가 구부러진 긴 지팡이는 양 떼를 푸른 초장으로 인도할 때 사용하고, 투박하고 튼튼한 막대기는 맹수를 물리칠 때 사용한다. 시편 23편을 읽으면서 하나님의 손에 있는 지팡이와 막대기를 생각해본다. Yes와 No는 우리를 위한 하나님의 지팡이와 막대기다.

"내가 사망의 음침한 골짜기로 다닐찌라도 해를 두려워하지 않을 것은 주께서 나와 함께 하심이라 주의 지팡이와 막대기가 나를 안위하시나이다"(시편 23:4)

구원,
교회를 통하여 주시는 선물

내 작품은 한 집단적 존재의 작품인데, 괴테라는 이름을 달고 있다.

- 요한 볼프강 폰 괴테, 『파우스트』, 길, 14-15쪽

『파우스트』는 괴테Johann Wolfgang von Goethe의 필생 역작이다. 괴테는 자신의 필생 작품인 『파우스트』의 최종 교정을 마치고 나서, 『파우스트』에 관한 중요한 비밀 하나를 공개했다. 괴테는 죽음을 얼마 앞둔 시점인 1832년 2월 18일, 왕세자의 교육자였던 프랑스인 소레Frédéric Soret를 만난 자리에서 『파우스트』라는 작품이 자신이 홀로 이룬 성과가 아니라는 점을 분명하게 밝혔다. 괴테는 구체적으로 『파우스트』라는 작품이 고대 그리스-로마 신화로부터 중세를 거쳐 근대에 이르기까지 '3천여 년'의 유럽 남 북방을 아우르는 집단적인 작품이라고 말했다. 괴테의 이 말은 겸손한 고백 같지만, 사실 명백한 진실이기도 하다. 『파우스트』는 괴테 한 사람만의 작품이 아니기 때문이다. 괴테는 자신이 어렸을 적, 동네 유랑극단에서 보았던 〈파우스트〉 이야기에 감명을 받았고, 그 이야기에 자신이 고안한 새

로운 장치를 가미하였다. 그리고 60년을 두고 퇴고와 개정을 거듭한 끝에 1831년 그의 나이 82세에 완성하였다.

『파우스트』의 창작 비밀에 공감한다면, 존재하는 모든 것들 속에 있는 비밀도 쉽게 헤아려 볼 수 있다. 기독교의 구원에는 어떤 비밀이 있을까. 과연 기독교의 구원을, 개인의 신앙적 결단으로 즉, 하나님과 나만의 내밀한 사건으로 제한할 수 있을까. 바울 사도는 빌립보 교회를 향하여 기독교의 구원을 한 사람의 신앙적 사건으로 치환할 수 없음을 분명하게 말한다. "너희 안에서 착한 일을 시작하신 이가 그리스도 예수의 날까지 이루실 줄을 우리는 확신하노라"빌1:6 너희, 즉 교회 안에서 착한 일을 시작하신 분이 예수 그리스도라고 바울 사도는 분명하게 말한다. 그리고 여기에서 착한 일이란 구원과 신앙의 열매를 의미한다. 한 명의 그리스도인이 하나님의 구원에 참여하고 열매를 맺을 때, 그 안에는 헤아릴 수 없는 성도들의 협력은 물론이고, 미래 성도들을 향한 믿음의 전수까지 담겨 있다. 예수님은 좋지만 교회는 싫다고 말하는 분이 있다. 시작부터 맞지 않는 말이다. 홀로 존재하고 홀로 살아가는 것은 불가능하다. 괴테가 그랬듯이, 바울 사도도 하나님의 부름을 받기 전, 구원과 교회에 대한 비밀을 공개했다. 바울 사도는 함께 구원받고, 함께 하나님 나라 이야기를 써나가는 것이 바로 복음의 신비임을 말한다.

"너희 안에서 착한 일을 시작하신 이가 그리스도 예수의 날까지 이루실 줄을 우리는 확신하노라"(빌립보서 1:6)

○　파우스트faust

독일의 문호 요한 볼프강 폰 괴테가 60여년에 걸쳐 집필한 필생의 역작. 초월적이며 형이상학적이고 종교적이어서 현실감이 떨어지는 것 같아 보이지만 오랜 세월이 지난 지금까지 사랑받는 것을 보면 초월적이지만 그 안에 담겨진 현실적인 인간에 대한 이해 때문이라는 평이다.

한줄기
빛

당신과 관련된 것은 하나뿐입니다. 살인범치고는 아직 그렇게 망가지지 않은 상태이기 때문입니다. 대장장이에게 쉽게 죄를 덮어씌울 수 있었지만, 당신은 그렇게 하지 않았습니다. 그 아내에게도 그랬고요. 대신 지능 낮은 사람을 범인으로 몰려고 했습니다. 그는 벌 받지 않으리라는 것을 알고 있었기 때문입니다. 살인범에게서 한 줄기 빛을 찾아내는 것이 제 일이기도 하지요. 이제 마을로 내려가십시오. 그리고 바람처럼 자유롭게 원하는 길을 가십시오. 저는 할 말을 다 했습니다. 두 사람은 말없이 나선형 계단을 내려와 다시 햇살 가득한 바깥으로 나왔다. 윌프레드 보언 목사는 대장간 마당으로 들어가는 나무문을 조심스럽게 열고 경찰관에게 다가갔다. 자백하겠습니다. 제가 형을 죽였습니다.

- 길버트 키스 체스터튼, 『브라운 신부의 순진』, 열린책들, 238-239쪽

어둠만 아는 사람은 어둠도 모르고 빛도 모르는 사람이다. 빛을 아는 사람만이 빛과 어둠을 안다. 예수님은 빛을 창조하신 분이다. 그래서 빛도 알고, 어둠도 아신다. 간음하다 잡혀 온 여인은 군중들 앞에서 절망했지만, 예수님은 그 여인 안에 있는 어둠과 빛을 드러내

셨다. 예수님은 참 빛으로 이 세상에 오셨다. 참 빛 안에서 자신의 어둠을 본 사람은 자신에게 비추는 빛을 발견한다. 구원받지 못할 죄인은 없다. 또한 주의 보혈을 의지하지 않아도 될 만큼 의로운 자도 없다. 체스터튼Gilbert Keith Chesterton의 추리소설에 등장하는 브라운 신부는 모든 사건을 해결하는 명탐정이다. 브라운 신부가 범인을 추리할 때마다 사용하는 강력한 무기가 궁금하다. 범인을 잡을 때 사용하는 그 무기는 사실 브라운 신부 자신이었다. "저는 인간입니다. 그렇기 때문에 제 마음속에도 모든 악마가 들어 있지요. 자, 들어 보십시오. 저는 당신이 했던 일을 알고 있습니다. 적어도 그 대부분을 추측할 수 있지요." 브라운 신부는 자기 안에 있는 어둠을 나침판 삼아서 범인을 추격하고, 결국 범인은 밝혀진다. 모든 소설은 작가의 자서전이라는 말처럼, 체스터튼의 추리소설 역시 작가의 고백록이라고 생각하면서 읽어도 좋을 것 같다. 대부분 추리소설은 범인을 잡으면 일단락되지만, 브라운 신부는 범인을 잡고 나서도 할 일이 남아 있다. 브라운 신부는 범인을 잡은 다음에, 그에게서 한 줄기 빛을 찾아낸다. 그런 점에서 브라운 신부는 천국의 사냥개다.

> "주께서 내 마음을 시험하시고 밤에 내게 오시어서 나를 감찰하셨으나 흠을 찾지 못하셨사오니 내가 결심하고 입으로 범죄하지 아니하시리이다"(시편 17:3)

예스,
앤드

"우리는 문제를 해결할 때는 아무리 나쁜 아이디어라도 더 나은 아이디어로 연결되는 다리 역할을 한다는 말을 자주 한다. '예스, 앤드'는 어떤 아이디어도 차단하지 않고 모두가 잠재성은 있지만 불완전한 아이디어를 떠올릴 수 있게 해 준다. 압박감과 위기 앞에서도 긍정적인 분위기를 조성하면 사람들은 어떤 문제가 발생해도 해결할 수 있다는 자신감을 얻게 된다. 우리는 늘 해결할 수 있다는 정신을 가지고 문제에 대처한다. 문제가 해결될 때까지 서로 도울 것이라는 사실을 경험을 통해서 알고 있기 때문이다."

- 켈리 레너드, 톰 요튼, 『예스, 앤드』, 위너스북, 65-66쪽

예수님은 우리와 세상을 향하여 '예스'라고 말씀하신다.요3:16 예수님은 상한 갈대를 꺾지 않으시고 꺼져가는 심지 불을 끄지 않는다.마12:20 예수님의 메시지는 'Yes, and'와 같다. 예수님은 있는 그대로 우리를 받아주신다. 그리고 예수님의 이 '예스'에는 항상 '그리고'가 따른다. '예스'가 십자가의 복음이라면, '앤드'는 하나님 나라의 통치를 의미한다. 긍정이 좋지만, 그렇다고 긍정만으로는 사람이

변화되지 않는다. '앤드'가 빠진 기독교는 자칫 잘못하면 물 탄 기독교가 되기 쉽다. 하늘에 하나님이 계시니 만사가 잘될 것이라는 긍정적 메시지가 당장은 좋겠지만, 세상과 사람을 변화시키는 것은 언제나 '예스, 앤드' 즉, 온전한 복음이다.

고린도 교회 안에는 바울 사도가 전한 '네, 그리고'Yes, and의 복음이 아닌, '아뇨, 하지만'No, but을 고집하는 이들이 있었다. 그들은 바울의 이야기를 수용Yes한 다음. 자기의 의견and을 말하지 않았다. 그래서 갈등과 분쟁을 겪게 되었다. 말이 통하는 사람과 싸울 때 이길 수도 있고, 질 수도 있다. 복음에는 '예스, 앤드'가 있다. 나와 견해가 다른 사람을 만났을 때, 흥분을 가라앉히고 복음의 주문을 외쳐보면 어떨까. '예스, 앤드!'

"하나님의 약속은 얼마든지 그리스도 안에서 예가 되니 그런즉 그로 말미암아 우리가 아멘 하여 하나님께 영광을 돌리게 되느니라"(고린도후서 1:20)

그 친구조차
안전하지 않다면

1926년 초, 무신론자 중에서도 가장 과격한 무신론자였던 친구가 내 방 벽난로 맞은편에 앉아 복음서가 정말 놀라울 정도로 역사적인 신빙성을 갖추고 있다고 말한 것이다. "범상치 않아." 그가 말을 이었다. "'죽은 신'에 대한 프레이저의 자료 말이야. 범상치 않아. 정말로 일어났던 일 같다는 생각이 들어." 이 말이 얼마나 충격적으로 들렸는지 알려면, 그 친구가 어떤 사람인지(그는 그 후 다시는 기독교에 관심을 보이지 않았다) 알 필요가 있다. 냉소주의자 중에 냉소주의자요, 강심장 중에 강심장인 그 친구조차 '안전하지' 않다면-나는 여전히 이런 식의 표현을 쓰려 들었다-도대체 나는 어디에 기대야 한다는 것인가? 탈출구는 없단 말인가?

— C. S. 루이스, 『예기치 못한 기쁨』, 홍성사, 320쪽

어린 나이에 어머니를 여읜 루이스는 그 일로 신앙을 잃어버리게 되었고, 긴 시간 방황 끝에 기독교로 돌아왔다. 루이스가 기독교로 다시 돌아와서 자신의 회심 이야기를 정리해서 쓴 책이 『예기치 못한 기쁨』이다. 루이스는 무신론, 유물론, 신비주의를 거쳐 기독교로 돌아왔는데, 결정적인 순간 '예기치 못한 친구'의 도움을 받은 이야

기를 이 책에서 소개한다. 아이러니하게도 루이스에게 도움을 준 그 친구는 무신론자 중에서도 가장 과격한 무신론자였다. 어느 날 루이스의 방에 놀러 왔던 그 친구는 벽난로 맞은편에 앉아 혼잣말로 중얼거렸다. "십자가에 죽으시고 다시 살아나신 예수님에 관한 이야기가 사실일 수 있겠다." 친구는 별생각 없이 중얼거렸지만, 하필 그 한마디 말이 루이스의 견고한 벽에 균열을 냈다. 루이스는 악명 높은 무신론자 친구를 통해서 '예기치 못한 전도'를 받은 셈이었다. 척추를 받쳐주는 허리 근육은 균형을 잃고 쓰러지려는 순간, 재빨리 몸을 곧추세울 때 만들어진다고 한다. 위기가 오히려 기회가 될 수 있다. 하나님 안에서 보면 버릴 것이 없다. 루이스는 불신자 친구를 통해서 복음을 들었다.

잠든 요나를 깨운 것도 이방인 선장이었다. 배 밑바닥 깊은 곳에서 잠든 요나를 흔들어 깨운 것은 이방인 선장이었다. 하나님은 필연을 통해서 찾아오시지만, 때때로 우발적 만남과 사건을 통해서도 찾아오신다.

"선장이 그에게 가서 이르되 자는 자여 어찌함이냐 일어나서 네 하나님께 구하라 혹시 하나님이 우리를 생각하사 망하지 아니하게 하시리라 하니라"(요나 1:6)

반항하는
인간

알베르 카뮈는 『반항하는 인간』의 첫 부분에서 이렇게 썼습니다. "반항하는 인간이란 무엇인가? NO 라고 말하는 사람이다. 그러나 그는 거부는 해도 포기는 하지 않는다." 철학이나 과학, 예술을 포함한 인류의 역사가 발전한 것은 의심과 반항 덕분이었습니다. 그건 인간의 본성이기도 합니다. 기존의 질서를 그대로 받아들이는 사람은 새로운 세상을 만들지 못해요. 세상의 그 어떤 것에도 무조건 고개를 끄덕이지 말고 항상 의문을 가져야 합니다. 그리고 질문해야 합니다. 질문은 자기 자신을 위한 것이기도 하지만, 나를 둘러싼 세상을 바꾸기 위한 것이기도 해요. 잘못된 것이 있다면 순응하지 않고 반항했으면 좋겠습니다. 그 반항은 기존의 것에 대한 반발에 그치지 않고 새로운 것을 창조하는 힘이 되어야 하겠지요. 역사의 발전은 그렇게 이루어지는 것 같습니다.

- 김헌, 『천년의 수업』, 심심, 240쪽

1세기 로마제국에는 제국을 지탱하는 '후원자 제도'patron client가 있었다. 상위 계층의 사람이 '후원자'patron가 되어, 하위 계층의 '피후원자'client를 돌보고, 돌봄을 받은 하층민은 후원자에게 '충성'을 바치는 제도가 로마제국을 떠받치는 핵심 구조였다. 얼핏 약자를 보호해주는 것처럼 보이지만, 이 제도는 피보호자를 이 질서에 가둬두고, 영원히 그 질서에서 벗어나지 못하게 한다. 갈릴리 맞은편 거라사인의 땅에서 울부짖는 한 청년이 성경에 나온다. 예수님은 그 청년을 바라보면서 그를 사로잡고 있는 실체가 무엇인지 물으셨다. 청년은 '군대귀신'이라고 답했다. 여기서 군대란 로마군대의 여단 규모를 말한다. 군대귀신은 로마군대와 로마제국을 상징한다. 거대 제국의 질서에 눌린 이 청년을 살리기 위해선 무엇보다 기존의 질서에 의문을 제기하는 '반항하는 인간'이 나타나야 한다. 로마제국을 향하여 반항하는 인간이 출현해야 한다. 제국의 질서를 향해 예수님은 무엇이라고 말씀하셨는가. 예수님은 '후원자 제도'give and take로 사람들을 억압했던 군대귀신을 향하여 "주고 또 주라!"give and give고 말씀하셨다. 주고 또 주라. 이 아가페 사랑은 처음부터 받을 생각이 없기에, 상처도 없고, 서운함도 없다. 심지어 누군가를 지배하려는 마음도 없다. 예수님은 '주고 또 주라'는 이 아가페 사랑으로 군대 귀신에 사로잡혔던 청년을 구해내셨다.

"주라 그리하면 너희에게 줄 것이니 곧 후히 되어 누르고 흔들어 넘치도록 하여 너희에게 안겨 주리라 너희가 헤아리는 그 헤아림으로 너희도 헤아림을 도로 받을 것이니라"(누가복음 6:38)

그러면서
넘어가셨어요

언어를 구사할 때도 어머니의 언어 법을 닮으려고 합니다. 어머니는 위독한 상황에서 아픔을 표현할 때, "수녀, 내 몸이 왜 이렇게 안정적이지 못할까?"라는 말을 하셨어요. 품위도 있고 보채지 않는, 남한테 불안감을 부르지 않는 말씀이었습니다. 그리고 아들, 며느리와의 관계에서 불편할 수 있는 상황들이 있었는데도, "빨리 죽어야지" 이렇게 푸념하지 않으시고 "글쎄, 누가 누구를 탓할 수 있겠나, 모든 것이 원죄의 결과라면 결과랄까?" 그러면서 넘어가셨어요. "누가 어떻고 어땠다"라는 말을 생략하십니다. 젊어서도 제가 누구에 대해 불평하면 "그렇게 행동할 수밖에 없는 이유가 있겠지" 하셔서, 그 어법을 닮으려고 노력해왔습니다.

- 이해인, 안희경, 『이해인의 말』, 마음산책, 245-246쪽

유월절은 넘어간다passover는 의미다. 여호와의 사자가 이스라엘의 집 문설주에 묻어 있는 어린 양의 피를 보고서 지나갔다는 이야기에서 유래된 말이다. 선악의 분별만으로는 해결되지 않는 문제가 있다. 바르트Karl Barth는 "마귀와 악에 대해서는 짧고 날카로운 시

선"이 적절하다고 말하면서 선악의 분별은 최선의 무기가 아닌 차선의 무기라고 덧붙인다. 그리스도인에게 최선의 무기는 무엇인가. 예수 그리스도와 그의 영에 대한 신뢰다. 어린 양의 피를 문설주에 바르는 일이다. 예수님의 보혈의 피는 복음의 핵심이다.

비판과 분별은, 언제나 차선의 무기라는 것을 망각해서는 안 된다. 옳고 정당하지만, 때로 그냥 넘어가야 할 때가 있다. 차선책이 아닌 최선책을 향해 나아가라는 하나님의 말씀이 임할 때가 있다. 사실 알면서도 모르는 척하는 것은 쉬운 일이 아니다. 성철 스님은 다른 사람의 죄를 뒤집어쓰는 것은 가장 큰 공부라고 했지만, 문제는 어떻게 그것을 감당하느냐다. 자기 연민과 자기 의에 함몰되지 않고, 의연하게 살아갈 순 없을까.

이해인 수녀의 어머니 이야기를 묵상하면서 그동안 차선의 무기를 최선의 무기인 양 착각했던 내가 부끄러웠다. 나를 중심에 둘 때, 차선의 무기를 최선의 무기라고 착각할 수 있다. 하나님을 중심에 둘 때, 비로소 복음의 능력을 붙들 수 있다. 젊은 시절 혼돈과 비판의식에 쏠려 있던 나를, 차선에 머물지 않고, 복음이라는 최선의 방향으로 돌이키게 해준 말이 있다. 다행히 그 말 덕분에 차선을 최선으로 착각했던 나의 완고한 무지와 오류를 넘어갈 수 있었다.

"나쁜 습관을 고치려 하기보다는 좋은 습관을 몸에 익히라"토마스

"내가 애굽 땅을 칠 때에 그 피가 너희가 사는 집에 있어서 너희를 위하여 표적이 될지라 내가 피를 볼 때에 너희를 넘어가리니 재앙이 너희에게 내려 멸하지 아니하리라"(출애굽기 12:13)

거두었으니

진정 저의 무릎을 꿇게 한 것은 은혜grace와 업보karma
의 차이였습니다. 알다시피, 모든 종교의 중심에는 업보
의 개념이 자리 잡고 있습니다. '눈에는 눈, 이에는 이'처
럼 뿌린 대로 거둬야 하는 것이죠. 실제 법률에서도, 모
든 행위는 그에 상응하는 만큼 갚아주도록 되어 있습니
다. 우주의 중심에 업보라는 개념이 존재하고 있음은 틀
림없습니다. 나는 분명히 그렇다고 확신합니다. 그러나
은혜라는 개념은 이것을 완전히 뒤집어 버립니다. '거두
었으니, 뿌릴 것'이라는 식으로 말입니다. 은혜는 합리성
과 논리성을 넘어섭니다. 우리가 행한 일에 사랑이 끼어
들기 때문입니다. 업보라는 기준으로 판단 받는다면 제
겐 아무런 가망이 없습니다. 그 기준은 저의 실수를 용
납하지 않으니까요. 하지만 저는 은혜를 붙잡습니다. 십
자가 위에서 저의 죄를 담당하신 예수님을 의지합니다.

- 킴 워시번, 『U2 보노 스토리』, IVP, 57-58쪽

"거두었으니, 뿌리라"

이 복음은, 아일랜드 출신의 세계적인 록 밴드 U2의 리드 싱어 보
노Bono, Paul David Hewson와 그의 친구들의 마음을 단번에 사로잡았

다. 보노와 그의 친구들을 사로잡았던 그리스도의 복음은 진정한 의미로 최고의 로큰롤이었다. 세계적인 록밴드를 매료시켰던 복음의 정체는 무엇인가. 보노는 은혜와 업보의 차이를 통해서 진정한 복음을 발견했다. 하나님은 두 가지 법칙을 통해서 복음을 연주하신다. 뿌린 대로 거둘 것. 거두었으니 뿌릴 것. 이 둘은 복음의 이중 선율이다. 인과율은 하나님이 이 세상을 통치하시는 법칙이다. 그리고 인과율을 뛰어넘는 것이 바로 은혜의 법칙다. 율법이 우리를 신적 방향으로 안내해 주는 기능을 한다면, 복음은 그렇게 살고 싶은 마음과 힘을 공급해 준다. 자신의 업보에 절망하고 넘어졌던 보노는, 넘어진 자리에서 하나님의 은혜를 딛고 일어났고, 복음의 로큰롤을 연주하는 사람으로 변화되었다. 애국가를 아는 사람은 애국가를 틀리게 연주할 때 금방 알아차린다. 본향의 리듬을 알아버린 사람도 마찬가지다. 본향의 리듬과 복음의 로큰롤을 경험한 사람은 거짓된 복음에 속지 않는다. 보노와 동료들은 복음의 로큰롤을 경험했다. 그래서 그들은 록스타나 돈의 지배가 아닌, 믿음 안에서 안식함으로써 세상을 품는 노래를 만들고 부르는 것을 가장 즐거워한다. "그리스도의 죽음은 그분이 온 세상의 죄를 지심으로써 우리가 행한 것들이 우리에게 돌아오지 않는다는 것을 의미합니다. 그래서 우리의 타락한 본성이 숙명적인 죽음으로 치닫지 않을 수 있는 것이죠. 바로 그것이 핵심입니다. 이 사실이 우리를 겸손하게 만듭니다."[보노]

이사야 43장에서 하나님은 이전 일출애굽과 홍해 도강을 망각할 정도로 장엄한 출^出바벨론을 기획하신다. 이 장엄한 복음 안에는 출^出바벨론를 가능케 하시는 하나님의 내적 논리가 담겨 있다. "나 곧 나는 나를 위하여 네 허물을 도말하는 자니, 네 죄를 기억하지 아니하리라"^{사43:25} 뿌린 대로 거두는 우주의 법칙은 여전하지만, 그 위로 전혀 다른 새로운 길이 열렸다. 보내와 U2의 멤버들을 흥분하게 했던 복음의 로큰롤이었다. '거두었으니, 뿌려라!'

> "보라 내가 새 일을 행하리니 이제 나타낼 것이라 너희가 그것을 알지 못하겠느냐 반드시 내가 광야에 길을 사막에 강을 내리니"(이사야 43:19)

○   U2

2억장이 넘는 앨범 판매고에서 알 수 있듯이 상업적으로 엄청난 성공을 거두었지만 음악적 성취도 인정받는 역사상 가장 위대한 밴드중 하나로 꼽히는 밴드. 다양한 사회적 문제에 대해 적극적으로 참여하는 노래를 불렀으며 그 영향력이 한 국가의 대통령에 견줄 만 하다는 평가를 받는다. 단일 투어로 110회 공연이 100% 전석 매진해 총 720만명의 관객수를 기록한 유일한 그룹이기도 하다.

부서진
상자와 빛

내 친구이자 동료인 패트릭 셀은 지금 내가 교수로 있는 프렌즈 대학교의 캠퍼스 사역 담당자다. 우리의 연약함과 상처를 통해 다른 사람들을 위해 사역할 수 있다는 역설을 설명하기 위해서 종이상자를 학생들에게 주며 그것을 부수라고 말했다. 학생들은 그 종이상자에 구멍을 뚫고, 이리저리 발로 차더니 완전히 박살을 냈다. 패트릭은 그 상자를 학생들 앞에 있는 테이블 위에 잘 보이도록 올려놓았다. 패트릭은 가정용 전등을 가져다가 그 상자 안에 넣고 전원을 켰다. 더 이상 아무런 설명이 필요 없었다. 학생들은 모두 그 역설이 무슨 뜻인지 이해하게 되었다. 예수의 빛이 우리의 상처를 통해 더 잘 비친다는 역설을 분명하게 이해하게 된 것이다.

– 제임스 브라이언 스미스, 『선하고 아름다운 하나님』,
생명의말씀사, 248-249쪽

복음은 역설이다. 패트릭 셀은 복음의 역설을 부서진 상자를 사용해 설명했다. 학생들에게 종이상자를 부수라고 하자, 학생들은 종이상자에 구멍을 뚫고 박살을 냈다. 패트릭은 박살 난 종이상자를 테이블 위에 잘 보이게 올려놓고, 그 상자 안에 전등을 넣고 전원을 켰다.

더 이상 다른 설명은 필요 없었다. 학생들은 복음의 역설을 부서진 상자를 통해서 경험했다. 복음의 빛이 우리의 상처를 통해서 오히려 더 밝게 빛난다는 역설이 학생들의 가슴에 환하게 비쳤다.

우리가 약할 때 하나님의 능력이 드러난다. 우리는 마음에 상처 입은 사람들은 아무것도 나눌 게 없다고 생각한다. 반대로 율법주의 자들은 자신들의 완벽함이 그들을 가치 있는 사람으로 만든다고 여긴다. 둘 다 잘못된 생각이다. 우리는 우리의 연약함을 드러냄으로써 다른 사람들을 치유할 수 있다. 우리의 연약한 부분이 그리스도가 가장 빛나는 곳이 된다. 하나님의 능력은 우리가 완벽할 때가 아니라, 연약할 때 온전해진다.고후12:9 씨앗의 진정한 힘은 씨앗이 죽을 때 나온다.

성막이 완공된 후 하나님의 영광이 성막 안에 가득 찼다.출40:34 구약의 성막은 밖으로 빛이 나오지 않도록 이중 삼중으로 막아 놓았다. 구약의 성막이 궁극적으로 가리키는 것은, 그리스도께서 내주하시는 그리스도인이다.고전3:16 그리스도께서 우리 안에 거하신다. 놀라운 말씀이다. 신약의 성전이 구약의 성막과 다른 점은 무엇일까. 우리 안에 거하시는 그리스도의 빛은 우리를 뚫고 밖으로 나간다. 그리스도인의 정체성을 결정하는 것은 실패와 성취가 아니다. 하나님은 우리가 무엇을 했기 때문이 아닌, 우리가 어떤 존재인가로 영광을 받으신다. 성막 안에는 창문이 없다. 등잔불로 불을 밝힌다. 그리스도는 신약의 성전을 밝히는 참 빛이다. 성경에서 말하는 온전함이란 무엇인가. 좋은 도서관은 좋은 책을 모아 놓은 곳이다. 반면에 위대한 도서관은 모든 책을 모아 놓은 곳이다. 좋은 복음을 넘어, 위대한 복음이 우리 안에 있다. 부서진 상자에서 빛이 나온다.

"너희는 너희가 하나님의 성전인 것과 하나님의 성령이 너희 안에 계시는 것을 알지 못하느냐"(고린도전서 3:16)

유한 게임과
무한 게임

적어도 두 종류의 게임이 있다. 하나는 유한 게임, 다른 하나는 무한 게임이라 부를 수 있을 것이다. 유한 게임은 승리를 목적으로, 무한 게임은 게임 자체의 지속을 목적으로 한다. 유한 게임이 누군가 이기는 게임이라면 그 게임에는 확실한 끝이 있어야 한다. 유한 게임은 누군가 이겼을 때 끝이 난다. 무한 게임의 유일한 목적은 게임이 끝나지 않도록 하는 것, 모든 사람이 플레이를 계속하는 것이다. 무한 게임의 규칙이 현용되는 언어의 문법과 같다면, 유한 게임의 규칙은 토론의 규칙과 같다. 전자의 경우 서로 간의 담화를 지속시키기 위해서 규칙을 지키는 반면, 후자의 경우에는 다른 사람의 말을 끝맺게 하기 위해서 규칙을 지킨다.

– 제임스 p. 카스 『유한 게임과 무한 게임』, 마인드빌딩, 11, 19쪽

취업, 결혼, 자녀교육, 승진, 성공, 재테크는 피할 수 없는 게임이다. 드라마 〈오징어 게임〉은 판타지이지만, 동시에 엄연한 현실이기도 하다. 오징어 게임은 언제 끝나는 게임인가. 승자와 패자가 결정되는 순간인가, 아니면 무한 반복되는 게임인가. 유한 게임의 승자는 한 명이다. 하지만 유한 게임이 끝나면 곧바로 시작되는 게임이 있

다. 바로 무한 게임이다. 무한 게임의 유일한 목적은 게임을 계속 유지하는 것이다. 유한 게임에서 승리하려면 토론의 기술이 필요하다. 무한 게임을 잘 하려면 대화할 줄 아는 사람이 되어야 한다. 상대방을 이기는 것은 잘하지만, 자신의 취약함을 나누는 것에는 미숙한 사람들이 있다. 트로피는 많지만 우정, 환대, 향유와는 거리가 멀다. 영생이란 다른 말로 무한 게임이다. 무한 게임에 참여한 플레이어들은 자신의 이름 말고는 아무것도 소유하지 않아도 된다. 예수님은 양들의 숫자를 세지 않고, 양들의 이름을 부른다. 삯꾼은 숫자와 계산에 민감하다. 그들은 양을 숫자로 호명하지, 이름을 부르지 않는다._{요한} 10:12 예수님은 양의 이름을 불러 푸른 초장으로 인도한다. 이름을 부르려면 한 번에 한 번씩 이름을 불러야 한다. 이 세상에는 유한 게임과 무한 게임이 있다. 어느 게임의 승자가 진정한 승자일까.

"문지기는 그를 위하여 문을 열고 양은 그의 음성을 듣나니 그가 자기 양의 이름을 각각 불러 인도하여 내느니라"(요한복음 10:3)

○   오징어게임

2021년 9월 17일 넷플릭스를 통해 공개된 9부작 드라마. '데스게임'이라는 보편적 소재에 뽑기, 오징어 게임, 구슬치기 등 한국적인 요소를 가미한 작품으로 한국 드라마 최초로 넷플릭스 드라마 전세계 1위를 기록했다.

천국의
눈물

코너는 아이 보는 여자와 함께 아파트에서 술래잡기 놀이를 하고 있었고, 로리가 위험을 알리는 관리인의 설명을 듣는 동안 거실로 들어온 코너가 창문 밖으로 나갔다. 그리고 바로 옆에 있는 4층짜리 건물 지붕에 떨어질 때까지 49층을 떨어졌다. 로리가 시신 안치소로 갈 형편이 아니었기에 어쩔 수 없이 나 혼자서 주검을 확인해야 했다. 아이가 떨어지면서 어떤 신체적 손상을 입었는지는 모르겠지만, 내가 보았을 때는 신체가 거의 말짱하게 복원되었다. 아이의 차분한 얼굴을 보며 이런 생각을 했다. '이건 내 아들이 아니야. 좀 닮은 사람일 뿐이야. 하지만 그는 이미 죽었어.' 나는 그에게 작별인사를 하려고, 그리고 더 좋은 아빠가 되지 못해 미안하다고 말하려고 장례회관에 들렀다…장례식은 황량하고 추운 3월에 리플리의 세인트 메리 막달렌 교회에서 열렸다. 내 나이 마흔여섯 번째 생일을 며칠 앞둔 날이었다.

- 에릭 클랩튼, 『에릭 클랩튼』, 마음산책, 323-324쪽

지치고 힘들 때, 에릭 클랩튼Eric Clapton의 〈Tears in Heaven〉을 듣는다. 이 노래는 에릭 클랩튼이 불의의 사고로 아들을 잃고, 아들

과의 추억을 영예롭게 기억하기 위해서 만든 노래다. 애당초 이 노래는 대중들 앞에서 부르기 위해서 만든 곡은 아니었다. 에릭 클랩튼은 그저 미치지 않으려고 곡을 쓰고 노래를 만드는 일에 매달렸다. 그는 자신에게 노래를 들려주면서 다듬고 또 다듬었다. 마침내 노래가 완성되었다. 노래를 만드는 동안 〈Tears in Heaven〉은 에릭 클랩튼의 존재의 일부가 되었다. 그리고 영혼이 무너진 사람들이 부를 수 있는 노래가 되었다. 이 노래를 만들고 부르는 동안 에릭 클랩튼은 인생의 어두운 밤을 통과할 수 있었다.

"우리는 정말 다시 만나게 될까? 이 노래에 대해 심도 있게 말하기는 어렵다. 노래는 그저 노래니까. 아무튼 나는 이 노래를 작곡하면서 내 인생에서 가장 어려운 시기를 견뎌낼 수 있었다." 『애릭 클랩튼』

천국에도 눈물이 있다. 나는 황금길과 보석으로 만든 천국보다 눈물이 있는 천국이 더 좋다. 눈물이 없는 천국은 가짜다. 하나님은 신자의 눈물을 닦아주신다. 기쁨, 회한, 기억이 있는 사람이 눈물을 흘린다. 천국은 단순히 과거를 기억하는 데 머물지 않고, 그 기억을 기쁨으로 승화시킨다. 천국에서 흘리는 눈물은 기쁨의 눈물이다. 모든 눈물은 기쁨의 눈물로 변할 것이다.

"모든 눈물을 그 눈에서 닦아 주시니 다시는 사망하는 것이나 아픈 것이 다시 있지 아니하리니 처음 것들이 다 지나갔음이러라"(요한계시록 21:4)

○   천국의 눈물Tears in Heaven

미국에서 가장 많이 팔린 싱글곡. 〈빌보드 핫 100〉 2위까지 올랐다. 그래미 어워드 최우수 남자 팝 보컬상, 올해의 노래상, 올해의 레코드상을 받았다. 『롤링 스톤』은 2004년 "역사상 가장 위대한 노래 500곡"의 목록에 이 곡을 올렸다.

올바른 응답,
깨어진 응답

> 성령을 통해 하나님은 예배에서, 즉 말씀과 성례의 사역
> 에서 우리를 만나러 오신다. 그리고 성령을 통해 하나
> 님은 우리가 믿음과 순종과 감사로 응답하도록 부르신
> 다.…우리는 하나님께 인간적이고 나약하며 무가치하고
> 깨진 응답을 한다. 그런 중에도 성령은 우리의 약함을 도
> 우시며 우리를 그리스도께서 들어 올리신다.
>
> － 제임스 토런스, 『예배, 공동체, 삼위일체 하나님』, IVP, 123쪽

신앙은 수동태다. 신앙은 능동태 보다는 수동태에 가깝다. 우리에게 먼저 손을 내미는 하나님의 은혜에 대한 응답이 신앙의 본질이기 때문이다. 신앙은 내 믿음이 아닌 그리스도의 믿음^{행동}으로 출발한다.^{빌1:6} 언제나 하나님은 말씀과 성례전을 통해서 우리에게 오시고, 성령님은 우리가 믿음, 순종, 감사로 응답할 수 있도록 우리를 도우신다. 하나님의 선물^{은혜}에 대한 응답이 수동태 신앙이라면, 그 수동태 신앙은 온 우주로까지 확장할 수 있어야 한다. 장석주 시인은 대추 한 알 속에 태풍, 천둥, 벼락 몇 개와 함께 무서리 내리는 몇 밤, 땡볕 두어 달이 있다고 말한다. 대추 한 알을 통해 우주의 비밀이 드러

난다. 저절로 붉어질 리 없는 대추처럼, 저절로 익어가는 사람은 없다. 그런 점에서 인생은 선물이다.

하나님이 주신 선물에 올바르게 응답할 때 하나님은 기뻐하신다. 심지어 하나님은 우리의 올바른 응답뿐만 아니라, 우리의 깨어진 응답에도 하나님의 기쁨이 연결되어 있다고 말씀하신다. 십자가에 달려 죽은 예수님이 하나님께 나아가는 길을 단번에 여셨다면, 부활하신 예수님은 우리의 연약함을 도와 우리를 하나님께 들어 올리는 대제사장의 일을 하신다. 무슨 말인가. 우리가 올바르게 응답할 때도 그렇지만, 우리가 혹시 깨어진 응답을 할 때 역시 하나님은 여전히 우리와 연결되어 있다는 말이다. 눈물이 핑 돈다. 복음의 능동태가 봄날의 햇살같이 싱그럽다면, 복음의 수동태는 풍성하고 화려한 가을을 닮았다. 단 이 복음의 수동태는 대추 한 알이 저절로 붉어질 리 없다는 우주와 복음의 비밀을 아는 자에게만 그 문이 열린다.

"우리에게 있는 대제사장은 우리의 연약함을 동정하지 못하실 이가 아니요 모든 일에 우리와 똑같이 시험을 받으신 이로되 죄는 없으시니라"(히브리서 4:15)

하나님의
승리

> 나는 석파정을 만나면서 오늘에 충실한 나를 발견했다.
> 흥선대원군이 다가오는 미래로 나아가기보다 과거의 영
> 광을 지키기 위한 장소로 석파정을 선택했다면, 나는 과
> 감히 과거를 용서하고 더불어 미래로 나아가는 장소로
> 석파정을 선택했다. 나는 석파정에 미술관이 세워지면,
> 수천 명의 천주교도를 학살한 그 흥선대원군이 머물렀
> 던 자리에 운보 김기창 화백의 〈예수의 생애〉 30점을 파
> 노라마처럼 펼쳐 걸 것이다. 예수가 이 땅에 내려와 우리
> 에게 전하려던 메시지를 이제나마 흥선대원군에게 들려
> 줄 수 있다면, 거기에서부터 비로소 새로운 역사가 쓰일
> 테니, 그보다 더 값진 시작이 어디 있으랴.
>
> – 안병광, 『마침내 미술관』, 북스코프, 182-183쪽

"종착역이 기차처럼 움직인다면 기차가 어떻게 그쪽으로 전진할
수 있겠는가?"C. S. 루이스

그리스도인은 역사의 종착역선의 승리이 움직이지 않는다는 것을
믿는 사람이다. 선善의 승리를 믿는 사람은 파멸되더라도 패배하
는 않는다. 이 믿음이 그리스도인의 정체성을 형성하고, 지금 현재

가 아닌, 먼 훗날과 연결되는 선택을 하게 한다. 석파정은 조선말 세도가 김흥근의 소유였으나 흥선대원군이 강제로 빼앗아 석파정으로 이름을 바꾸고 개인 별장으로 사용했던 곳이다. 석파정의 주인이 된 흥선대원군은 석파정에서 무슨 생각을 했을까. 흥선대원군은 1866년 병인박해 때 8천여 명의 천주교도를 학살했고, 쇄국정책을 펼쳤다. 석파정이 흥선대원군이라는 한 개인의 공간이기 전에, 우리나라 근현대사의 중심이 되는 이유다. 흥선대원군이 석파정을 빼앗은 목적은 권문세도가의 전횡을 뿌리 뽑기 위해서였지만, 미술품 수집가 안병광 회장이 석파정을 인수한 목적은 무엇이었을까. 안병관 회장은 석파정이 한 개인의 공간을 넘어 모든 사람을 위한 우물이 되기를 바랐다. 그는 석파정 아래 돌산을 파내고, 석파정과 이어지는 서울미술관을 건립했다. 그리고 그곳에 운보 김기창 화백의 〈예수의 생애〉 30점을 파노라마처럼 전시했다. 석파정의 서사가 '복음'의 서사로 바뀐 순간이었다. 순교자의 피로 교회는 세워진다.

선의 승리를 믿는 사람이 그리스도인이다. 종착역은 움직이지 않는다는 것을 알기에 기차는 그 방향으로 움직인다. 그리스도인도 마찬가지다. 그리스도인은 하나님의 선이 승리한다는 것을 믿기에 그 방향을 향하여 나아간다.

"우리가 알거니와 하나님을 사랑하는 자 곧 그의 뜻대로 부르심을 입

은 자들에게는 모든 것이 합력하여 선을 이루느니라"(로마서 8:28)

○ 석파정

조선 철종과 고종 때의 중신 김흥근이 건립한 별서로 흥선대원군이 집권한 이후 별장으로 이용되었다. 1974년 서울시유형문화재 제26호로 지정되었다. 현재는 서울미술관에서 관리하고 있다.

말씀과 해석의 에움길

말
씀

우리 삶에 매복한
전제들

중요한 결정의 배경에는 더욱 중요한 전제assumptions가
숨어 있다.

- 크리스천 오버먼, 『어섬션』, 디모데, 16쪽

그리스도인과 무신론자는 성경을 읽을 때 차이가 난다. 어떤 점에서 그럴까. 그리스도인은 성경을 읽을 때, 어떤 기대와 전제를 가지고 성경을 읽지만, 무신론자는 신앙이라는 전제를 앞세우지 않고 성경을 읽는다. 아브라함을 '믿음의 조상'이라고 생각하면 아브라함의 단점과 허물이 주는 의미를 놓치기 쉽다. '의인 노아'라는 '전제'를 내려놓고 노아를 읽으면 새로운 노아를 발견할 수 있다. 홍수심판 후 방주에서 나온 노아는 왜 만취할 때까지 술을 마셨을까. 홍수심판 후, 매일 술을 먹지 않고서는 견딜 수 없었던 속사정은 없었을까. 구원의 기쁨만큼이나 혼자 살아남은 자의 고통이나 트라우마도 있었을지 모른다. 더 이상 볼 수 없게 된 친구와 이웃들을 생각하면서 괴로워했을 노아를 생각해 본다.

인사불성이 된 노아를 아들 함이 다른 형제들에게 알렸고, 셈과 야벳은 아버지의 허물을 가만히 덮어주었다. 술에서 깨어난 노아가 자초지종을 듣고 함을 저주한다. 이해하기 어려운 말씀이다. 함이 저주를 받을 정도로 그렇게 큰 죄를 지었단 말인가. 실수는 노아가 했는데 함에게 저주를 내리는 것이 온당하단 말인가. 하나님은 노아의 저주에 동의하셨을까. 그런데 어떤 사람은 노아 가정의 연약함을 읽으면서 오히려 자신이 거할 곳을 발견하고 안도의 숨을 쉰다. 프레드릭 비크너Frederick Buechner가 말했듯이, 우리는 하나님의 임재로 빛나는 환한 시기뿐만 아니라, 그분의 부재로 어두워지는 시기에 대해서도 정직해야 한다. 모든 가정에는 문제와 은혜가 있다고 한다. 노아의 가정에도 아브라함의 가정에도 오늘 우리의 가정에도 문제가 있고, 하나님의 은혜가 있다. 문제와 은혜라는 안경을 쓰고 성경과 삶을 읽어보자.

"노아가 농사를 시작하여 포도나무를 심었더니, 포도주를 마시고 취하여 그 장막 안에서 벌거벗은지라"(창세기 9:20-21)

공감하는
독서

루이스가 이 책에서 줄기차게 내세우는 주장 자체는 선명하고 단순하다. 문학작품이 무슨 말을 하는지 있는 그대로 주목하고 그것을 일단 수용하자는 것이다. 그래야 자신의 한계에 갇히지 않고 새로운 것을 배울 수 있다. 마치 논문을 쓰기 위해서 책을 읽는 문학 교수처럼, 설교만을 위해 성경을 보는 설교자처럼, 책을 어떻게 써먹을 것인가 하는 관점에서만 책을 보면 결국 책은 자신의 생각을 강화하는 거울이 되고 만다.

- 홍종락,『오리지널 에필로그』, 홍성사, 138-139쪽

C. S. 루이스는 그의 책『오독』에서 공감적 독서의 유익을 말한다. 공감 독서란 작품이 말하는 바를, 있는 그대로 주목하고 수용해 보는 것을 말한다. 그럴 때 자기 한계에 갇히지 않고, 새로운 것을 배울 수 있기 때문이다. 독서란 여행과 비슷하다. 작품을 펼치면 비행기는 이륙하고, 과거 현재 미래 어디든지 마음만 먹으면 떠날 수 있다. 책을 읽는 것은 저자가 운전하는 자동차를 타고 한 번도 가보지 않은 먼 미지의 나라로 떠나는 여행과 같다. 여행을 통해서 책 속의 주인공만

큼이나 변화를 경험하는 사람은 책을 읽는 독자다. 책을 읽으면서 우리는 모험, 낭만, 충격, 반전, 역설, 모순, 파괴를 경험하고, 그 결과 타인과 나를 이해하는 공감력이 향상된다.

하지만, 인간은 새로운 것을 얻는 것보다는 기존의 것을 잃어버리는 것을 두려워한다. 그래서 독서할 때도 사유의 확장보다는 기존의 생각을 강화하는 쪽에 더 무게를 둔다. 이는 독서를 여행에 비유해 보면 쉽게 이해된다. 여행자는 감사해 하지만 관광객은 끝없이 요구한다는 말이 있다. 독서를 할 때도 여행자와 관광객으로 나뉜다. 우리는 종종 독서를 하면서 편한 여행을 추구하고, 요구사항 많은 관광객이 되려고 한다.

책을 읽고 나면 책을 읽기 전으로 돌아갈 수 없다는 말이 있다. 참으로 황홀한 말이다. 그런 마음으로 책을 읽고, 그런 마음으로 성경을 읽고 싶다. 같은 책을 읽어도 전혀 다른 경험을 할 수 있다. 어떤 태도로 책을 읽느냐가 중요한 이유다. 공감 독서와 실용 독서는 각각 다른 세계로 우리를 인도한다. 사람을 만날 때도 그렇고, 책을 읽을 때도 그렇다.

"여자가 물동이를 버려두고 동네로 들어가서 사람들에게 이르되, 내가 행한 이 모든 일을 내게 말한 사람을 와서 보라 이는 그리스도가 아니냐"(요한복음 4:28-29)

늙은 양파 장수의
행복

멕시코시티의 대형 시장 구석에서 양파를 파는 인디언 노인 포타-라모에게 시카고에서 온 미국인이 양파를 사려고 흥정을 벌입니다. 그가 양파 스무 줄 전부를 사겠다고 하자, 포타-라모는 단호하게 거절합니다. 왜 안 파느냐고, 양파 팔러 나온 거 아니냐고 되묻는 미국인에게 인디언 노인이 담담히 대답합니다. "나는 내 삶을 살려고 여기에 있습니다. 나는 이 시장을 사랑합니다. … 햇빛과 바람에 흔들리는 종려나무를 사랑합니다. 나는 페드로와 루이스가 '부에노스 디아스'라고 와서 인사하고 담배를 태우며 아이들과 곡물에 관해 얘기하기를 좋아합니다. 나는 친구들을 만나는 것을 좋아합니다. 이런 것들이 내 삶입니다. 그것을 위해 나는 종일 여기 앉아서 20줄의 양파를 팝니다. 그러나 내가 내 모든 양파를 한 손님에게 다 팔아 버린다면, 내 하루는 끝이 납니다. 그럼 나는 내가 사랑하는 것들을 다 잃게 되지요."

- 옥명호, 『나를 넘어서는 성경 묵상』, 비아토르, 200-201쪽

양파 장수 인디언 노인 '포타-라모'는 양파를 전부 사겠다는 미국인의 요청을 단호하게 거절했다. 그러면서 노인은 경제, 효율, 이

익의 관점만 바라보는 사람들이 가지고 있는 이야기의 한계를 폭로한다. 노인은 양파 20줄을 한꺼번에 팔 생각이 없다. 시장을 사랑하는 노인은 쏟아지는 햇빛과 바람에 흔들리는 종려나무를 보면서 행복에 잠긴다. 노인은 페드로와 루이스와 다정하게 인사를 나누고, 좋아하는 담배를 태우면서 아이들과 이야기하는 것이 참 좋다. 노인은 양파를 팔면서 일상의 소소한 삶을 선물로 누린다. 일부러 천천히 걸어갈 때 보이는 풍경이 있듯이, 노인은 멕시코시티의 어느 시장 구석에 앉아 느리게 천천히 돌아갈 때 경험할 수 있는 삶의 소중함을 말한다. 리처드 포스터Richard Foster는 서두름은 마귀가 사용하는 무기가 아니라, 마귀의 본질이라고 했다. 노인은 서두르지 않는다. 노인은 자신이 사랑하는 것을 잃고 싶지 않다. 이 외에도 노인이 양파를 한꺼번에 팔 수 없는 이유는 차고 넘친다. 돈이 목적이 아니라 수단이라는 것을 이 노인보다 더 잘 아는 사람이 또 있을까.

마태복음 15장에는 가나안 여자가 예수님께 귀신 들린 자신의 딸을 고쳐달라고 호소하는 이야기가 나온다. 예수님은 예상과 다르게 여인을 냉정하게 대하시고, 심지어 잔인하게 여겨지는 말까지 하신다. "나는 이스라엘 집의 잃어버린 양 외에는 다른 데로 보내심을 받지 아니하였노라."마15:24, "자녀의 떡을 취하여 개들에게 던짐이 마땅하지 아니하니라."마15:26 사실 예수님은 이 말을 가나안 여인에게 했지만, 실상은 제자들을 겨냥해서 한 말이기도 했다. 제자들은 유대인인 자신들의 이야기-여호와 하나님은 유대인의 하나님이다-를 극단적으로 밀고 나가신 예수님의 말씀을 듣고 부끄러움에 얼굴이 붉어졌다. 늙은 양파 장수의 말을 듣고, 얼굴이 붉어졌던 어느 미국인처럼 말이다.

"자녀의 떡을 취하여 개들에게 던짐이 마땅하지 아니하니라"(마태복음 15:26)

이동을
꿈꾸다

> 이동을 꿈꿔야 한다. 소수를 품어 안고, 다양성을 추구해
> 야 한다. 다수의 힘으로 소수, 이주자, 이단아를 단죄하
> 여 동질성만을 추구하는 어리석음을 멈춰야 한다. 이사
> 를 하든지, 제3의 공간을 만들든지, 여행을 하든지, 하다
> 못해 다른 기관으로 출장이라도 가야 한다.
>
> — 최인철, 『굿 라이프』, 21세기북스, 234쪽

팔레스타인 출신의 미국 영문학자이며 문화평론가이자 『오리엔
탈리즘』을 쓴 에드워드 사이드Edward Said가 말했듯이, 지식인이란
"스스로 추방을 택한 망명자요, 주류에서 벗어나 중심을 들여다 보
는 자"다. 아브라함은 당시 세상의 중심이었던 갈대아 우르를 떠나
변방인 가나안으로 이동했다. 아브라함이 믿음의 시조가 될 수 있는
이유는 그가 주류에서 벗어나 중심을 들여다본 자였기 때문이다. 아
브라함의 자손에게는 이런 자발적인 주변성 정신이 있다. 주류에서
벗어나 중심을 들여다보는 이 정신은, 모든 장소가 중심이 될 수 있
다는 변혁과 문화를 꽃피우게 했다. 원래 인간은 자기 안으로 기울어
져 있는 존재다. 자기중심성自己中心性이라는 이 중력은 매우 견고한

힘이다. 서울대학교에서 심리학을 가르치는 최인철 교수는 인간의 생각이 잘 바뀌지 않는 이유를 두고 만나는 사람이 바뀌지 않기 때문이라고 말한다. 놀라운 통찰이 아닐 수 없다. 만나는 사람이 바뀌지 않는다는 것은 결국 이야기가 바뀌지 않는다는 말과 같다. 누군가의 의식이 바뀐다는 것은 만나는 사람들이 바뀔 때 가능하다. 운명이 바뀌려면 그 사람의 중심 서사가 바뀌어야 하는데, 그러려면 만나는 사람이 다양해야 한다.

정리의 달인 곤도 마리에는 "설레지 않는 것은 모두 버리라"라고 했다. 아무리 좋은 것도 익숙해지면 권태가 오기 마련이다. 반면에, 최인철 교수는 버리는 것보다 공간을 이동할 것을 말한다. 공간을 이동할 때 이야기가 바뀌기 때문이다. 그러면서 최인철 교수는 이사하기 가장 좋은 때는, "부동산 가격이 추락할 때가" 아니라, 생각을 바꾸고 싶고, 운명을 바꾸고 싶을 때"라고 일갈한다. 무엇을 읽느냐 못지않게, 누구와 함께 그 말씀을 읽느냐가 중요하다. 아브라함과 성경을 읽으면 무슨 일이 일어날까. 한때 제주도에서 한 달 살아보기가 유행했던 때가 있었다. 사람들은 공간을 이동할 때 주어지는 자유와 행복을 알고 있다. 꼭 제주도가 아니더라도 내가 있는 곳을 잠시 떠나 보면 어떨까. 그곳에서 성경을 읽되, 밑줄 긋지 않는 말씀만 한 달 동안 읽어보는 것은 어떨까.

"여호와께서 아브람에게 이르시되 너는 본토 친척 아버지의 집을 떠나 내가 네게 보여줄 땅으로 가라"(창세기 12:1)

○   오리엔탈리즘orientalism

오리엔탈리즘은 원래 유럽의 문화와 예술에서 나타난 동방취미東方趣味의 경향을 나타냈던 말로 사용되었다. 하지만 오늘날에는 동양과 서양을 이분법 적으로 구분하여 동양에 대한 서양의 우월성이나 동양에 대한 서양의 지배를 정당화하는, 서양의 동양에 대한 고정되고 왜곡된 인식과 태도 등을 총체적으로 나타내는 말로 쓰인다.『두산백과』

나는
지옥에 가겠다

> 헉은 고향 마을에서 친절을 베풀어준 짐의 주인 노부인에게 보낼 편지를 씁니다. "이 마을에 당신의 재산인 짐이 있다. 현상금을 주면 당신의 재산은 집으로 돌아갈 것이다." 교회에서 남의 재산을 훔치는 일에 가담한 사람은 지옥에 간다고 배웠기 때문인데요. 헉은 곧바로 그 편지를 찢어버리며 다짐합니다. "난 이 생각을 버렸고, 결코 번복하지 않을 거야. 편지는 두 번 다시 쓰지 않겠어." 헉은 편지를 찢으며 말합니다. "그래 좋다. 나는 지옥으로 가겠다."
>
> — 오에 겐자부로, 『읽는 인간』, 위즈덤하우스, 20-21쪽

마크 트웨인Mark Twain의 소설 『허클베리 핀의 모험』은 개구쟁이 허클베리 핀이 도망친 노예 짐과 함께 미시시피강을 뗏목을 타고 여행하면서 겪게 되는 이야기다. 모험은 즐거웠지만, 여행하는 내내 허클베리 핀을 괴롭혔던 문제가 하나 있었다. 당시 노예제도를 찬성했던 교회는 도망친 노예를 신고하지 않으면 지옥에 간다고 가르쳤다. 허클베리 핀은 교회에서 배운 교육과 세계관으로 인해서 괴로웠다.

고민을 거듭하던 끝에, 허클베리 핀은 결국 짐의 주인에게 편지를 쓴다. 하지만, 편지를 쓴 다음 허클베리 핀은 곧바로 편지를 찢으면서 다짐한다. "그래 좋다. 나는 지옥으로 가겠다." 지옥에 가더라도, 짐과의 우정은 배신할 수 없다는 허클베리 핀의 고백이었다. 뗏목 여행이라는 특별한 체험이 허클베리 핀과 흑인 노예 짐을 동등한 위치에서 서로를 경험하게 했고, 그 결과 두 사람은 서로의 다른 점은 물론이고, 잘못된 세계관까지 뛰어넘을 수 있었다.

허클베리 핀과 흑인 노예 짐의 우정은 노벨 문학상을 받은 오에 겐자부로大江健三郎의 삶을 지탱해 주는 이야기가 되었다. 태평양 전쟁에서 일본이 패망한 직후, 오에 겐자부로는 학교 선생님으로부터 일본은 망했으니 이제 각자 자기만의 방침을 세우고 살아가라는 충격적인 말을 들었다. "얘들아, 여태까지의 국가방침은 사라졌다. 이제 일본은 패했고 엉망진창이 되었다. 너희들 한 사람 한 사람이 자기 방침을 세우고 살아가는 것이 좋을 것이다." 그런데 바로 이때, 어린 오에 겐자부로의 마음속에 허클베리 핀이 했던 말이 생각났다. "그래 좋다. 나는 지옥으로 가겠다." 오에 겐자부로는 어렵게 구한 공책 첫 페이지에 그 문장을 적고, 평생 삶의 원칙으로 삼았다. 시간이 흘러 오에 겐자부로가 노벨 문학상을 받게 되었을 때 일이다. 일본 황제는 오에 겐자부로에게 문화훈장을 수여하려고 했지만, 오에 겐자부로는 이를 거부했다. 민주주의 위에 군림하려는 권위와 가치를 인정할 수 없다는 평상시 그의 신념 때문이었다.

　다윗과 요나단도 삶의 결정적인 순간에 "그래 좋다. 나는 지옥으로 가겠다."를 외쳤고, 두 사람은 왕관보다 더 중요한 가치를 가지고 언약을 맺었다. 그렇게 두 사람 왕관 보다 더 중요한 가치를 통해서 찾아오시는 하나님을 만났다.

"요나단이 다윗에게 이르되 평안히 가라 우리 두 사람이 여호와의 이름으로 맹세하여 이르기를 여호와께서 너와 나 사이에 계시고 내 자손과 네 자손 사이에 계시리라 하였느니라 하니 다윗은 일어나 떠나고 요나단은 성읍으로 들어가니라"(사무엘상 20:42)

건드리면 전기를 쏘는
전기메기

소녀가 한 번은 극심한 치통을 앓았을 때, 어머니는 딸에게 술 한 병을 먹이고 지하실로 보냈다. 눅눅한 벽 사이에서 소녀는 데이비드 코퍼필드의 책더미에 해당하는 것을 발견한다. 동물학 사전의 고전인 '브렘의 동물생활'에서 소녀는 이해하기 어려운 어머니의 행동을 표현할 수 있는 정확한 단어를 발견한다. '건드리면 전기를 쏘는 전기메기', 이해할 수 없는 어떤 것을 표현할 단어가 생기자 고통이 저절로 멀어진다. 동물그림은 소녀에게 절망적인 일상에서 벗어나는 탈출구를 열어준다.

- 안드레아 게르크 『우리는 책 앞에서 솔직해진다』, 세종, 195-196쪽

시詩란, 언어言로 지은 성전寺이다. 화려한 대리석 대신에, 맑고 투명한 언어로 조영된 이 성전에, 오갈 데 없는 사람들이 모여들고, 비참한 자가 고단한 몸을 누인다. 누군가에게는 피난처로, 누군가에게는 답답한 현실 너머를 상상하는 둥지가 된다. 시편은 언어로 지은 성전이다. 시편을 읽을 때마다 단어 하나하나에 새겨진 신의 흔적을 묵상한다. 어느 시인이 말한 것처럼, 시를 소유하는 것은 가장 비싼

사치인지 모른다. 또한, 힘든 세상을 살아가는 자에게 시는 사치를 넘어 영혼의 동반자가 될 것이다. 악과 혼돈에 무너지지 않는 사람은 시 언어를 가진 사람일 것이다. 넘어질 때마다 시를 읽고 노래하는 사람은 언제나 다시 일어난다. 시편은 포로기와 제2 성전 시대 유다 백성의 성전이었다. 솔로몬 성전이라는 물리적인 성전은 무너졌지만, 고통을 토로할 언어, 현실을 직시할 언어, 하나님의 약속을 마음에 새길 시와 노래가 있었기에, 그들은 숨을 쉴 수 있었고, 끝까지 생존할 수 있었다. 무엇보다 그들은 시편을 통해서 고단한 현실을 이겨냈고, 현실 너머를 향한 갈망을 잃지 않았다.

인생의 벼랑 끝에 섰을 때, 가슴에서 꺼낸 시 한 편이 그 사람을 살린다. 국밥 한 그릇 같은 시 한 편이 생명이 되고 양식이 된다. 모든 문제에는 답이 있다. 앙겔리카 클뤼센도르프Angelika Klüssendorf의 소설『소녀』에 나오는 소녀는 동물학 사전을 읽다가 자신을 학대하는 어머니의 행동에 대한 적절한 단어를 발견하게 된다. "건드리면 전기를 쏘는 전기메기." 소녀의 눈에 들어온 전기메기 사진이 소녀에게는 아름다운 성전이 되었다. 이유 없이 쏘는 전기메기 사진과 전기메기에 대한 설명을 본 순간, 소녀를 괴롭혔던 통증이 사라졌다. 문제의 원인이 사라진 것은 아니었지만, 자신의 고통을 표현할 적절한 단어가 생기자 그동안 소녀를 짓눌렀던 고통은 저절로 멀어져 갔다. 이해할 수 없는 어떤 것을 표현해 줄 단어를 만날 때, 우리의 아픔이 치유된다. 성경을 읽다가 한 단어에 꽂힐 때가 있다. 소설을 읽다가 발견한 한 문장 속에서 나를 치유하는 '전기메기'를 발견할 때가 있다. 지금도 시집을 읽거나, 시편을 읽을 때면 앙겔리카 클뤼센도르프의 소설에 등장하는 건드리면 전기를 쏘는 전기메기를 생각하곤 한다.

"우리의 영혼이 사냥꾼의 올무에서 벗어난 새 같이 되었나니 올무가 끊어지므로 우리가 벗어났도다"(시편 124:7)

슬픔과
희망의 공존

슬퍼하되 부활이 결국 죽음을 뒤집어 놓을 것이라는 사실을 잊지 않는 것입니다. 죽음이 마지막 선언이 아니라는 사실을 기억하면서 슬퍼하는 것입니다.

― 김영봉, 『나는 왜 믿는가』, 복있는사람, 258쪽

2012년 1월 11일 늦은 밤. 미국 애즈베리 신학교의 신약학 교수이인 벤 위더링턴Ben Witherington III 박사는 서른세 살 된 딸 크리스티의 남자친구로부터 다급한 전화를 받았다. 딸의 남자친구는 전화기에 대고 말없이 울기만 했다. 늦은 밤, 딸의 남자친구로부터 전화를 받았는데, 남자친구가 울기만 한다면 어떻겠는가. 가슴이 철렁거리고 불길한 생각이 들었다. 크리스티에게 연락이 되지 않아서 집 문을 따고 들어가 보니, 크리스티는 이 층에 쓰러져 있었다고 한다. 구급차가 도착했을 때는 이미 숨이 멈춘 상태였다. 사인은 폐색전증으로 혈전이 폐동맥을 막아서 호흡곤란을 일으키는 병이었다고 한다. 세계적인 신학자인 벤 위더링턴 교수는 자신에게 닥친 이 슬픔을, 자신의 강의에 참여한 이들과 나누면서 눈물을 흘렸다. 하루 종일 유쾌

한 조크를 섞어 가면서 열정적인 강의를 하다가 강의가 끝나갈 무렵, 불쑥 자신의 딸 이야기를 꺼냈기에, 회중은 큰 충격을 받았다.

위더링턴 교수는 딸을 잃은 아픔을 말하면서 자신을 지탱하고 있는 '희망'을 이야기했다. 희망을 가진 사람도 슬퍼할 수 있는데, 희망을 가진 사람처럼 슬퍼한다는 것은, 슬픔 중에 눈 하나를 종말론적인 지평 곧 역사의 끝에 고정시키면서 슬퍼하는 것이라고 말했다. 희망을 가진 사람도 슬퍼할 수 있고, 슬퍼할 수 있어야 한다. 희망을 표현하는 것 못지않게 슬픔을 표현하는 것 역시 중요하다. 슬픔과 희망은 공존한다. 신자는 슬퍼하면서 부활이 죽음을 뒤집어 놓을 것을 믿음의 눈으로 바라보는 사람이다. 모든 사람은 죽는다. 신자도 죽음 앞에서 예외일 수 없다. 하지만 신자는 슬퍼하되 부활이 결국 죽음을 뒤집어 놓을 것을 알기에 신자의 눈물에는 슬픔과 희망이 공존한다

"나팔 소리가 나매 죽은 자들이 썩지 아니할 것으로 다시 살아나고 우리도 변화되리라, 이 썩을 것이 반드시 썩지 아니할 것을 입겠고 이 죽을 것이 죽지 아니함을 입으리로다"(고린도전서 15:52-53)

자아를
죽이는 자객

> 예수 그리스도께서는 "나를 위하여 자기 목숨을 잃는 자는 얻으리라"마10:30라고 말씀하셨다. 이 엄청나게 도전적인 생명과 죽음의 신비를 어떻게 이해해야 할까. 이와 유사하게 루이스는 독서 할 때 자아가 죽으면 더 풍성한 생명을 얻게 되리라고 말한다…독서란 자아를 강하게 하고 똑똑하게 만들기 위해 하는 일이 아니다. 독서의 일차적 비밀은 좋은 책 속에 자아를 죽이는 '자객'이 숨어 있다는 데 있다. 하지만 책을 자기식으로 읽는 사람은 그런 위험이 있는 줄도 모르고 책장을 넘길 것이고, 자객 역시 굳이 그런 사람의 목숨을 빼앗으려고 하지 않는다.
>
> — 김진혁, 『순전한 그리스도인』, IVP, 182쪽

C. S. 루이스는 독서란 자아를 죽이는 자객을 만나는 것과 같다고 말한다. 독서는 자아를 똑똑하게 만들기 위함이 아니라, 자아를 죽이는 데 있다. 자아가 죽으면 더 풍성한 생명을 얻는다. 독서의 목적은 정보를 습득하여 내가 원하는 방식으로 사용하는 것이 아니라, 책 속에 숨어 있는 자아를 만나는 데 있다. 자객의 칼에 찔리면 '사랑', '종

교', '사별' 같은 강력한 경험을 하게 된다. 위대한 정신을 만날 때, 나의 작은 자아는 죽고, 풍성한 생명을 얻게 된다는 말이다. 좋은 독서는 행복한 통증을 유발한다. 인간은 익숙함을 좋아하지만, 또한 더 큰 세계를 갈망하는 존재이기도 하다. 인간은 똑똑한 자아를 자랑할 때도 있지만, 다른 한편으로는 자객을 통해 굳어있는 옛 자아를 죽이고, 다층적 시선으로 세상을 바라보는 새로운 나를 만나고 싶다.

아프리카 사막의 부시맨Bushman은 사냥으로 해결되는 배고픔을 '리틀 헝거'little hunger라고 말하고, 사냥으로 채울 수 없는 배고픔을 '그레이트 헝거'great hunger라고 부른다. 인간에게는 빵사냥으로 채울 수 없는 배고픔이 있다. 파스칼은 인간 안에는 하나님만 채울 수 있는 구멍이 있다고 했다. 그레이트 헝거를 가진 사람은 표가 난다. 목마른 사슴이 시냇물을 찾듯이 그레이트 헝거가 찾아올 때가 있다. 그런 큰 배고픔을 가지고 책을 읽을 때, 자객은 어김없이 다가와 나의 굳은 자아에 칼을 찌른다. 책을 읽다가 나도 모르게 '아하' 할 때가 있다. 자객이 휘두른 칼에 찔려 행복한 비명을 지르는 순간이다. 반대로 자기만의 방식으로 책을 읽는 사람이 있다. 그럴 때 자객은 그 사람을 그냥 지나친다. 그 사람 역시 자객이 지나간 줄도 모른 채 책장을 넘긴다.

"내가 그리스도와 함께 십자가에 못박혔나니 그런즉 이제는 내가 사

는 것이 아니요 오직 내 안에 그리스도께서 사시는 것이라 이제 내가

육체 가운데 사는 것은 나를 사랑하사 나를 위하여 자기 자신을 버리

신 하나님의 아들을 믿는 믿음 안에서 사는 것이라"(갈라디아서 2:20)

○   부시맨산족

'수풀bush 속에 사는 사람'이라는 의미로 학계에서는 '산족' 또는 '코이산족'
으로 부르는 아프리카 종족. 남아프리카 칼라하리 사막에 살고 있으며 키가
작고 피부는 황갈색이며 소집단으로 이동하고 수렵과 채집을 한다. 1980년
제작된 제이미 유이스감독의 영화 〈부시맨〉으로 세상에 알려졌다.

삶이
산산이 부서졌을 때

유대교와 기독교의 성서들은 수 세기에 걸친 고통과 공동체적 회복탄력성의 잔존물이 기록된 보관소다. 다른 나라의 신화들이 승리에 초점을 맞추면서 나라들과 함께 몰락한 반면, 성서는 거대한 재앙의 잔존물에 대해 말한다. 다른 경전들은 타인을 지배하기 위해 제국을 후원했던 여러 신들을 묘사한다. 유대인과 기독교인의 경전들은 하나님 자신의 백성에게 고통을 가져왔지만 그들로 하여금 고통을 통과하게 했던 하나님을 그린다. 현대 문화계에서는 별다른 의문 없이 자기 구성원들의 삶을 긍정하는 정치인과 종교지도자를 선호하는 것처럼 보인다. 유대교와 기독교의 경전들은 삶이 산산이 부서졌을 때에도 여전히 현존하고 있는 하나님에 대한 그림을 제공한다. 나는 이것이 현재 우리가 유대인과 기독교인의 성서들을 여전히 지니고 있는 큰 이유라고 생각한다.

– 데이비드 M. 카, 『거룩한 회복탄력성』, 감은사, 19쪽

성경은 보물창고다. 성경에는 긴 세월 동안 축적되어온 잔존물이 있는데, 회복탄력성이 바로 그 보물이다. 성공한 사람이란 넘어지지

않은 사람이 아니라, 넘어졌을 때 다시 일어날 줄 아는 회복탄력성이 있는 사람이다. 한때 세상을 호령했던 바벨론을 비롯한 제국들은 그들이 자랑했던 힘과 그 힘을 칭송했던 문서와 함께 역사의 이슬로 사라졌다. 하지만, 제국에 짓밟히고 유린당했던 유대교와 기독교는 지금까지 건재하다. 바로 이 점이 성경을 새로운 관점에서 바라보게 되는 이유다. 성경은 우리의 삶이 산산이 부서졌을 때, 여전히 현존하시는 하나님을 소개한다.

'욥기, 시편, 이사야, 에스겔, 예레미야'에 등장하는 하나님의 이미지는 절망한 이들에게 새로운 영감과 다시 시작할 용기를 준다. 파스칼 이후 프랑스 최고의 기독교 철학자라 불리는 폴 리쾨르Paul Ricoeur는 "상징은 생각을 낳는다"고 했다. 성경에는 우리의 생각을 자극하는 이미지와 상징이 풍성하다. 그 상징과 이미지가 우리의 생각을 자극하고, 상상력을 꽃피우게 한다. 성경에서 말하는 의인이란 일곱 번 넘어져도 다시 일어나는 사람이다. 그렇게 넘어지고 일어서고를 반복하는 가운데 '회복탄력성'保復彈力性이 형성된다. 넘어지면서 읽은 말씀, 넘어질 때 떠오른 말씀이 기독교를 형성했고, 신자의 정체성을 형성하는 말씀이 되었다. 하나님은 우리의 고통을 막아주시는 분은 아니지만, 고통을 직면하고 통과할 수 있도록 힘과 지혜를 주신다. 이것이 제국의 신화와 성경의 다른 점이고, 지금도 성경이 많은 이들에게 사랑받는 이유일 것이다.

"대저 의인은 일곱 번 넘어질지라도 다시 일어나려니와 악인은 재앙

으로 말미암아 엎드러지느니라"(잠언 24:16)

○　　회복탄력성resilience

크고 작은 다양한 역경과 시련과 실패에 좌절하지 않고, 오히려 기존보다 나
은 방식으로 더 높이 뛰어 오를 수 있는 개인의 성질을 말한다.

평균의
종말

아돌프와 동료들은 28명의 영유아를 대상으로 기어 다
니기 전부터 걸음마를 떼는 날까지의 발달 과정을 추적
관찰한 뒤 '분석 후 종합' 방식을 활용해 자료를 검토했
다. 그 결과, 기어 다니기에 정상적인 경로라는 것은 없
었다. 오히려 아기들은 무려 25가지의 다양한 경로를 따
랐는데 각 경로마다 독자적 동작 패턴을 띠었고 '모든'
경로가 걷기로 발전했다.

- 토드 로즈, 『평균의 종말』, 21세기북스, 185-186쪽

어린 아기는 한 가지 방식으로 걸음마를 배우지 않는다. 어린 아
기는 무려 25가지 다양한 패턴으로 걸음마를 배운다. 신선한 충격이
다. 고정관념이 깨지는 순간이다. 위기에 처한 유다 왕 아하스에게
하나님은 이사야 선지자를 통해서 구원의 징조를 말씀해 주셨다. 예
루살렘에 거주하는 한 여자가임기의 여성가 아들을 낳게 될 것이고, 그
이름을 임마누엘이라 할 것이다. 그 여자처녀가 누군지 알 수는 없다.
사실 그것은 그다지 중요하지 않다. 한 아이가 태어날 것이고, 그 아
이의 이름이 임마누엘이라는 것이 중요하다. 임마누엘이란 "하나님

이 우리와 함께 하신다."는 뜻이다. 당시 유다가 직면한 위기는, 그 아기가 젖을 떼고 음식을 먹을 때쯤이면 해결되고, 유다를 침공한 시리아와 북이스라엘은 패망하게 될 것이다.

아기가 걸음마를 배울 때까지 3, 4년이 소요된다. 무엇보다 아기는 25가지 다양한 방법을 가지고 자기만의 방식으로 걸음마를 배운다. 무슨 말인가. 어린 아기는 제국의 획일화된 가치를 따르지 않는다는 말이다. 모든 것을 획일화하고 규범화하는 것은 제국의 가치다. 하지만, 이 세상의 모든 아기는 그런 획일적인 기준을 거부한다. 아기는 제국의 모습에 현혹되지 않는다. 아기는 제국의 말을 듣지 않는다. 아기는 자기에게 맞는 방법으로 걸음마를 배우고, 자기만의 방식으로 걸어간다. 통쾌하다. 예수님은 어린아이와 같이 되지 않고서는 천국에 들어갈 수 없다고 말씀하셨다. 임마누엘 하나님은 오늘도 우리와 함께하신다. 이 세상의 모든 아기는 한 가지 방법이 아닌, 25가지 다양한 방법으로 걸음마를 배운다. 앞으로도 그럴 것이다. 어린아이에게 제국의 평균은 없다. 하나님 나라는 어린아이와 같이 다양한 가치를 품고 살아가는 자의 것이다.

"그러므로 주께서 친히 징조를 너희에게 주실 것이라 보라 처녀가 잉태하여 아들을 낳을 것이요 그의 이름을 임마누엘이라 하리라"(이사야 7:14)

방해물,
영적 생활의 원재료

> 하나님의 요구는 당면 문제를 해결하는 것이지, 내가 그
> 분께 기대하는 문제를 해결하는 것이 아니란 걸 잘 아니
> 까. 우리가 '방해물'로 인식하는 것이 실은 영적 생활의
> 원재료인데 말이네. 불이 석탄을 방해물로 여기는 상황
> 과 다를 바 없지!(막대기와 종이에 붙어 타던 작고 여린 불에 커다
> 란 석탄 덩어리가 공급되면 그것을 부당하다고 여길 것 아닌가. 불을 돌
> 보는 분이 땔감을 넣으실 때 의도하신 대로 불이 붙으면 얼마나 크고 오
> 랫동안 타오를지, 탁탁거리는 현재의 상태를 훌쩍 뛰어넘어 얼마나 활
> 활 타오를지 상상도 못하는 거지)
>
> — C. S. 루이스, 『당신의 벗, 루이스』, 홍성사, 38쪽

우리를 향하신 하나님의 뜻과 하나님을 향한 우리의 기대가 일치
할 수 있다면 얼마나 좋을까. 만약 그럴 수만 있다면, 그 순간은 천국
이 될 것이다. 숲을 보려면 숲에서 나와야 하는 것처럼, 하나님의 뜻
을 알기 위해서는 먼저 자기 자신에게서 벗어나야 한다. 자아 몰두와
자아 집착에서 벗어날 때, 하나님과 이웃을 만날 수 있다. 자기 자신
에게서 벗어나려면 어떻게 해야 할까. 우리는 명분 있고, 거룩한 일

에 헌신할 때, 하나님을 만날 수 있다고 생각한다. 하지만, C. S. 루이스는 우리의 고정관념을 깨뜨리는 곳으로 우리를 안내한다. 루이스는 우리를 귀찮게 하고 방해하는 것들이 오히려 축복의 통로가 된다고 말한다. 그러니까 영적 생활의 방해물이 오히려 영적 생활의 원료가 될 수 있다고 말한다. 과연 그럴까.

영적 생활의 방해물이 영적 생활의 원료가 된다는 것이 우리의 본성과 직관이라는 루이스의 말은 불편하다. 하지만 우리의 생각과 경험이 아닌 하나님의 말씀(계시)을 묵상할 때, 루이스의 말 속에 담긴 의미를 발견할 수 있게 된다. 하나님은 언제 우리를 만나 주시는가. 하나님은 내가 하고 싶은 일이 아닌, 내게 주어진 어떤 일을 묵묵히 감당하고 있을 때 우리를 찾아오신다. 부지중에 나그네를 대접했다가 천사를 영접했던 아브라함처럼, 하나님은 위장된 모습으로 우리를 찾아오신다.

충분한 이해 없이 믿고 순종할 때가 있다. 그럴 때는 자신이 바보처럼 여겨진다. 보이는 것을 신뢰하는 실증주의와 이익을 선이라고 말하는 공리주의의 눈으로 볼 때 예수는 어떤 모습일까. 그럴 때 예수는 그냥 예수가 아닌, 바보 예수다. 바보 예수. 그렇다. 바보 예수는 나를 벗어날 때 보인다. 나를 귀찮게 하고 방해하는 일들 속에 하나님이 예비하신 복이 있다. 마음이 괴롭고 복잡할 때, 노트를 펼치고 '나를 방해하는 일'의 목록을 써 보자. 그리고 나지막한 목소리로

'하나님이 나를 만나러 오시는 축복의 통로'라고 읽어보자.

"형제 사랑하기를 계속하고, 손님 대접하기를 잊지 말라 이로써 부지
중에 천사들을 대접한 이들이 있었느니라"(히브리서 13:1-2)

말씀과
해석의 에움길

> 문학텍스트는 언어의 창조성, 즉 다양한 의미 생성을 보여주는 '의미론적 혁신'을 통해 현실을 다시 기술함으로써 우리가 현실을 새롭게 이해하고 살아갈 수 있는 길을 열어준다. 요컨대 우리는 문학 텍스트라는 허구적 경험이라는 에움길을 통해 진리와 주체 물음에 더 가까이 갈 수 있다는 것이다.
>
> — 김한식, 『해석의 에움길』, 문학과지성사, 6쪽

에움길은 빙 둘러서 가는 길이다. 에움길에 들어선 사람은 굽이쳐 흐르는 강물처럼 흘러가는 여정에 자신을 맡긴다. 직접 말하지 않고 에둘러 말하는 사람. 진리를 말할 때 비유와 은유를 통해서 말하는 사람이 있다. 프랑스의 철학자 폴 리쾨르는 문학이라는 에움길을 통해 인간 이해를 확장할 수 있다고 말한다. 우리는 소설을 읽을 때, 등장인물에 공감하며 전체 이야기 속에서 그들이 어떻게 성장하고 변화하는지 목격하는 행운을 누린다. 소설 속 인물들은 정교한 플롯 속에서 서로 만나고 헤어지는 가운데 마침내 예측 불가능한 지점에 도착한다. 소설의 마지막 페이지를 덮을 때 독자에게는 새로운 깨달음

과 새로운 가능성이 찾아온다. 할 수 없다고 절망했는데, '할 수 있는 인간'으로 변화된다. 우리는 책을 읽으면서 결국 자기 자신을 읽는다. 문학이라는 에움길을 거치면서 자신의 존재가 확장되고, 타인에 대한 공감력의 반경이 넓어진다. 자신의 그림자를 만나는 것이 두렵지 않다.

반대로 에움길을 통하지 않는 해석과 만남이 있다. 하지만 우리가 경험상 잘 알고 있듯이, 직접 말하는 방식과 도덕적 훈시로는 사람은 바뀌지는 않는다. 오히려 에움길이 없는 해석은 역효과가 일어난다. 설교란 공감과 해석의 에움길을 통해 성도를 만나는 시간이다. 하나님을 만나는 길은 직선보다는 곡선이고, 에움길을 통과하면서 세상과 나에 대한 이해가 확장된다.

아이 성을 정복한 이스라엘은 이제 가나안 땅에 거주할 준비를 시작한다. 세겜 인근의 에발 산과 그리심 산에서 이스라엘 백성들은 언약에 충실할 때 받을 복과 언약을 어길 때 받을 저주를 큰 소리로 낭독한다.수8:30-35 광야에서 제정된 복과 저주가 드디어 성취되는 순간이다. 이스라엘의 지난날은 구불구불 에움길 여정이었다. 천로역정이다. 목적지에 도착한 이스라엘은 이제 복도 알고 저주도 알게 되었다. 성경은 에움길을 통과하면서 깨달은 인간에 대한 지식과 하나님에 대한 지식을 말하고 있는 책이다.

"그 후에 여호수아가 율법책에 기록된 모든 것 대로 축복과 저주하는 율법의 모든 말씀을 낭독하였으니"(여호수아 8:34)

○   에움길

지름길과 반대로 빙 둘러서 가는 길이나 우회로의 순수한 우리말.

매 순간 부르는 이름

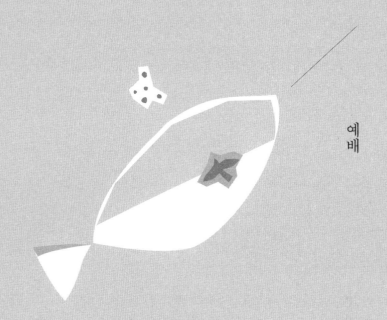

예
배

참새眞鳥

> 인간의 곡식을 빼앗아 먹는 해조害鳥인데 참 진眞 자를 붙여 참새라 부른 한국인의 마음. 어렸을 때부터 참새들과 함께 지냈는데 막상 그려보니 닮지도 않았다. 80년 동안 봤어도 그 모습을 그리지 못하는 것은 80년 동안 참새를 보지 않았다는 얘기다. 이런 부정확한 감각을 가지고, 그것을 믿고 살아온 것이다.
>
> — 이어령, 『눈물 한 방울』, 김영사, 107쪽

만약 이 세상에 참새가 사라진다면 어떻게 될까. 더 많은 곡식을 추수할 수 있으니까 훨씬 더 이롭다고 말할 수 있을까. 1958년 농촌을 순방하던 모택동毛澤東은 참새를 노려보며 한마디를 했다. "저 새는 해로운 새다." 식량이 부족한데 참새가 곡식을 쪼아 먹어서 한 말이었는데, 지도자의 말 한마디에 참새섬멸운동본부가 발족 되었고, 참새를 박멸하게 된다. 하지만 예상과는 다르게 참새가 사라지자 해충이 창궐했고, 농작물은 초토화되어 1958년부터 3년 동안 중국인 삼천만 명이 굶어 죽게 되었다. 프랑스 현대 사상가이자 소설가인 조르주 바타유Georges Bataille는 생산과 축적만 있고, 소진과 탕진이 사라질 때 공동체에 위기가 찾아온다고 말한다. 획득, 생산, 축적의 관점에서 보면 참새는 해조害鳥가 된다. 과잉, 소모, 탕진의 영역은 제거해야 할 '저주'박멸 받은 영역이 된다. 하지만 참새는 해조처럼 보이지만, 실상은 공동체를 살리는 복조福鳥다.

참새를 생각할 때, 거룩한 낭비와 성스러움으로 들어가는 문이 생각난다. 예배는 거룩한 낭비다. 밭의 가장자리를 베지 않고, 떨어진 이삭을 줍지 않는 것도 마찬가지다. 탕자를 조건 없이 받아준 아버지의 마음을 조금은 알 것도 같다. 동생을 못마땅하게 생각했던 형은 참새가 복조라는 사실을 몰랐을 것 같다. 참새 한 마리도 하나님의 허락 없이는 땅에 떨어지지 않는다. 그렇다. 참새는 우리에게 꼭 필요한 새다. 하나님이 허락하지 않은 한, 참새는 영원히 참새다.

"참새 두 마리가 한 앗사리온에 팔리지 않느냐 그러나 너희 아버지께서 허락하지 아니하시면 그 하나도 땅에 떨어지지 아니하리라"(마태복음 10:29)

식인종의
광대

> 신변의 위협에도 불구하고 아버지는 무기를 소지하지
> 않으셨다. 대신 예배 시간에 왔다갔다 춤을 추는가 하면
> 물구나무서기를 하고 익살맞은 표정을 지으면서, 우스갯
> 소리로 원주민들식인종을 무장 해제시키셨다. 아버지의
> 우스꽝스런 표정과 몸짓을 본 원주민들은 배를 잡고 웃
> 느라 몸을 가눌 수조차 없었다. 그리고 결국 그들을 친구
> 처럼 만들었다. 자신에게 즐거운 안식을 선사한 누군가
> 를 죽이기는 쉽지 않다. 내 짐작에도 그런 희극적 요소는
> 누구든 신경을 이완시키는 효과가 있는 것 같다. 그러나
> 정작 우리 아버지는 긴장을 잃지 않으셨다.
>
> — 루시 쇼, 『내 영혼의 번지점프』, IVP, 18쪽

20세기 초 남태평양 솔로몬 군도에 식인 습성이 여전히 남아 있
을 때 이야기다. 기독교 영성작가 루시 쇼Luci Shaw의 아버지는 솔로
몬 군도의 의료 선교사였다. 캐널 섬의 귀빈으로 초대받았던 루시 쇼
의 아버지는 원주민이 화덕에서 건넨 고기가 여성의 대퇴골임을 한
눈에 알아보았다. 동료선교사 세 명은 식인문화에 희생되기도 했다.
이처럼 솔로몬 군도는 악과 어둠의 세력이 강한 곳이었다. 하지만,

신변의 위협에도 불구하고 루시 쇼의 아버지는 무기를 소지하지 않았고, 대신 식인종의 광대가 되기로 했다.

이후, 선교사는 예배 시간에 춤을 추고 물구나무를 서는가 하면, 익살맞은 표정으로 원주민들을 무장 해제시켰다. 그 결과 원주민들은 자기들에게 즐거운 안식을 선물한 선교사를 죽일 수 없었을 뿐 아니라, 그와 친구가 되었다. 순식간에 하나님의 복음이 솔로몬 군도에 스며 들어갔다. 태초에 하나님이 터뜨렸던 웃음^{창1:31}이 선교사에게 임했고, 그 웃음은 선교사를 통해서 다시 솔로몬 군도의 원주민에게로 전염되었다. 하나님의 웃음은 모든 이를 평등하게 만든다. 강자와 약자, 부자와 빈자, 노인과 아이, 심지어 식인종과 선교사 사이의 장벽을 허문다. 태초부터 지금까지 하나님의 웃음 앞에서 어둠의 세력은 무기를 내려놓고 항복한다.

"하나님이 지으신 모든 것을 보시니 보시기에 심히 좋았더라 저녁이 되고 아침이 되니 이는 여섯째 날이니라"(창세기 1:31)

똑똑똑

무엇인가가 강제적으로 이루어졌을 때 그곳에 자유는 없다. 케어로 인해 통증이 야기된다면 간병을 받는 사람은 친절하다고 느끼기 어렵다. 즉, 우리가 '중요하다고 생각하는 것'과 '실제로 케어 현장에서 하는 것'이 모순이 되어 있다는 말이다.

- 이브 지네스트 외, 『휴머니튜드 혁명』, 대광의학, 5쪽

치매 환자를 돌보는 간병인과 가족들이 무엇을 가장 조심해야 할까. 환자에게 필요한 것을 제공하기 위해 간병인이 방문할 때 가장 먼저 해야 할 일은, '똑똑똑' 노크를 하는 것이다. 노크 없이 문을 열고 들어가면 환자는 통증을 느낀다. 인지 능력을 상실한 치매 환자도 감정은 살아 있다. 노크 없이 문을 열고 들어오면 환자는 표현은 못하지만 통증을 느낀다고 한다. 그래서 환자를 돕기 위한 방문일지라도 '예의'휴머니튜드를 갖추는 것이 먼저다. 환자에게 필요한 서비스를 제공하는 것만큼 중요한 것이 환자를 대하는 '태도'다.

구약 레위기 정결법의 핵심은 '휴머니튜드'다. 하나님도 병실에 들어오실 때는 노크하신다. 매우 복잡한 절차와 과정으로 이루어진

정결법을 읽고 있자면 인간을 향한 하나님의 휴머니튜드가 느껴진다. 예수님도 치유와 표적을 행하실 때, 늘 노크하셨다. 아무리 좋은 것도 강제적으로 이루어지면 독이 된다는 것을 아셨던 거다.

"볼지어다 내가 문밖에서 서서 두드리노니 누구든지 내 음성을 듣고 문을 열면 내가 그에게로 들어가 그와 더불어 먹고 그는 나와 더불어 먹으리라"(요한계시록 3:20)

고백,
눈물 그리고 큰 웃음

또 하나의 소극笑劇은 뉴욕에서 내 인생 처음으로 매주 교회에 나가게 된 것인데, 그것이 희극적인 이유는, 우리 집과 같은 블록에 이름이 친숙한 목사님이 시무하는 교회가 있었고, 외로운 주일날 별로 다른 할 일도 없어서 교회에 나가게 되었기 때문이다. 그 목사님의 이름은 조지 버트릭이었고, 주일마다 그분의 설교를 놓치지 않고 들었다…그러던 중 어떤 설교에서 들은 어떤 한 구절은 원고에도 원래 들어 있지 않았던 것 같고, 마치 누군가 25년 후에 내게 보낸 메시지 같아서 그 목사님이 마지막 순간에 문득 생각해 내서 덧붙였다고밖에 생각할 수 없다. 그리고 그렇게 어리석고, 빈약해 보이는 거룩한 실낱에 우리 모두의 운명이 걸려 있는 것이다.

- 프레드릭 비크너, 『하나님을 향한 여정』, 요단, 176-177쪽

균형상실과 통제 불능. 예고 없이 찾아오는 이 불청객은 인생을 무너뜨리는 파괴적인 힘을 가지고 있지만, 얼마든지 긍정적인 방향으로 그 힘을 사용할 수 있다고 프레드릭 비크너는 말한다. 비크너가 10살 때 찾아온 비극은 아버지의 자살이었다. 아버지의 자살과 연이

은 삼촌의 죽음까지. 비크너의 존재를 흔들어 놓았던 이 사건은 고통 중에 있는 사람들과 인생의 경이로움에 마음을 여는 통로가 되었다. 인생의 어긋남은 느닷없이 찾아오지만, 그럼에도 불구하고 내가 선택한 방향에 따라 전혀 다른 인생 여정이 시작된다. 시몬 베유는 우리가 신을 선택할 순 없지만, 적어도 가짜 신에게 사랑을 주지 말아야 한다고 말한다. 혼돈과 씨름할 때 선악의 이분법은 너무 쉬운 방법이지만, 자칫 가짜 신에게 사랑을 줄 수 있다. 가짜 신에게 사랑을 주지 않으려면 어떻게 해야 할까.

삶을 인과적으로만 바라보는 것은 어떤가. 그럴 때 과거라는 귀신 가짜 신에게 과거를 넘어 현재와 미래까지 묶이게 된다. 목적과 계획을 절대적인 법칙으로 숭배할 때도 마찬가지다. 목적지를 향하여 출발하는 기차를 타야 목적지에 도착하지만, 때로는 잘못 탄 기차가 우리를 목적지로 데리고 간다는 것을 아는 이는 가능성을 넘어 삶의 잠재성우연을 향하여 마음을 열어둘 것이다.전11:1-2

하나님의 은혜는 어떤 방식으로 오는가? 프레드릭 비크너에게 하나님의 방문은 그의 무료함을 통해서 시작되었다. 외로운 주일, 별로 할 일도 없고 심심해서 집 근처 교회를 찾았는데, 그곳에서 그는 자신의 운명을 바꿀 말씀과 조우했다. 더더구나 작가를 변화시킨 말씀은 아이러니하게도 설교자가 그 날, 원고에 없던 말을 하는 가운데 나왔다고 한다. "예수 그리스도는 광야에서 사탄이 내민 왕관을 거부하셨습니다. 그러나 그럼에도 그분은 왕입니다. 그 이유는 그를 믿는 사람들의 마음속에서 왕관을 쓰고 또 쓰시기 때문입니다. 그리고 그 내면적인 대관식은 고백과 눈물과 그리고 큰 웃음 가운데 거행됩니다." 특히, '큰 웃음'역설을 통해 그리스도가 오신다는 이 말에 비크너의 고정관념이 해체되었고, 한 번도 생각하지 못했던 세계에 그의 눈이 떠졌다. 감추어진 보화를 발견하는 순간이었다.

하나님은 예기치 못한 순간, 큰 웃음 가운데 왕으로 오신다. 하나님은 어이없어 웃고 있는 사람들의 입에 슬며시 복된 소식을 넣어주신다. 사라, 엘리사벳, 마리아 그리고 비크너를 통해 발견된 이 법칙은 중력의 법칙만큼이나 아주 오래된 법칙이다. 어긋남은 하늘로 연결된 사다리다. 우리를 넘어뜨리는 것이, 넘어진 자리에서 바라본 세상이, 인생의 신비에 눈을 뜨게 한다. 균형, 절제, 목적, 성실함을 통해서 오시는 하나님은, 인생의 의외성을 통해서도 오신다. 어긋남을 어긋 내어 인생과 세상을 바라보고 거기에 우리의 마음과 입을 열어보자.

"네 입을 크게 열라, 내가 채우리라"(시편 81:10)

쥐꼬리만 한
여가 시간

마음 놓고 숨쉬기조차 힘든 5, 6년 동안의 수련의 시간,
그 시절은 처음부터 정신적 여유도 없고 긴장과 불안의
연속이었지요. 그래도 그런 역경 속에서 포기하지 않고
살아남을 수 있었던 또 다른 이유, 미국 의사들보다 낫다
는 평을 나중에 자주 들을 수 있었던 다른 커다란 이유는
바쁜 일 사이의 쥐꼬리만 한 여가 시간을 잘 이용했기 때
문이 아니었을까 생각됩니다. 그것은 어릴 때부터 여러
예술을 제대로 감상할 수 있고 즐길 수 있는 여유로운 사
람이 되도록 노력하라고 일러주신 아버지의 충고 때문
이 아니었을까 합니다. 나는 시간만 있으면 그런 예술 모
임에 참여했고 그런 열정은 내게 정서적인 안정을 선물
해주었습니다. 아름다운 것에 대한 경외심을 키우고 예
술을 즐기는 것은 인생을 깨끗하고 윤택하게 해준다는
아버지의 말씀 그런 예술 감상에 대한 내 믿음은 아직도
지속되고 있습니다.

- 마종기, 『아름다움, 그 숨은 숨결』, 앤드, 206-207쪽

마종기 시인은 아동문학가 마해송 선생의 아들이다. 우여곡절 끝
에 어쩔 수 없이 선택했던 미국 이민자의 삶은 고단하고 치열했다.

이민자의 바쁘고 고달팠던 삶으로부터 그를 구원해준 것은 예술을 감상할 줄 아는 사람이 되라는 아버지의 가르침 때문이었다. 마종기 시인은 외로울 때 시를 썼고, 쥐꼬리만 한 시간이 나면 연주회장으로 달려갔다. 덕분에 그는 아름다운 것에 대한 경외심을 키우면서 인생을 윤택하게 살 수 있었다. 도스토옙스키가 말했듯이 아름다움이 세상을 구한다. 그리고 그 아름다움은 쥐꼬리만 한 시간이 나면 아름다움을 찾았던 마종기 시인을 구원했다.

구약의 성막은 최고의 예술가들이 하나님이 주신 지혜와 기술로 만들었다. 성막은 그 자체로 거대한 예술품이고, 최고의 미술관이다. 진선미眞善美의 하나님을 경험할 수 있는 곳이 성막이다. 언약궤는 대속을 상징하고, 금 촛대는 하나님의 영광과 은혜의 빛을 상징한다. 대제사장의 예복에는 석류를 아름답게 수놓았다.출39:24 성막은 채워진 공간 못지않게 비워진 공간도 아름답다. 성막은 오랜 시간 장인들이 정성을 다해 만들었다. 성막이 완공된 다음에는 하나님의 임재를 상징하는 구름이 성막을 덮었다. 그에 반해 아론이 중심이 되어 만든 금송아지 상은 어떤가. 금송아지 상은 그야말로 급조해서 만들었다. 무엇보다 모세의 빈자리가 두려워서 만든 것이 금송아지 상이었다. 결핍과 부족함은 가짜 아름다움인 금송아지 상을 만들게 하지만, 우리를 향한 하나님의 풍성함, 성장, 공동선을 지향할 때는 하나님의 아름다움인 성막으로 나아간다. 배고픈 상태에서 장을 보면 더 많은 소비를 한다. 반대로 먼저 배를 든든하게 채운 다음에 쇼핑을 하면 과소비의 유혹에 넘어가지 않는다.

"백성이 모세가 산에서 내려옴이 더딤을 보고 모여 백성이 아론에게 이르러 말하되 일어나라 우리를 위하여 우리를 인도할 신을 만들라 이 모세 곧 우리를 애굽 땅에서 인도하여 낸 사람은 어찌 되었는지 알지 못함이니라"(출애굽기 32:1)

나쁜 날씨는
없다

영국인의 산책 사랑은 유별나다. … 전 국토에 국가가 지
정한 공공 산책로가 퍼져 있고 지도도 아주 잘 구비돼 있
다. 개인 사유지라고 하더라도 공공 산책로로 지정된 곳
은 일반인의 산책을 위해 개방하고 문을 만들어 드나들
수 있도록 해야 한다. '길의 권리'Right of Way라고 불리는
제도는 영국에서 수백 년간 지켜온 법이자 문화다. 사람
들이 드나들 수 있고 가축은 도망가지 못하도록 장치가
되어 있는 산책로 입구의 문은 '키싱 게이트'Kissing Gate
라고 불린다. '입술을 살짝 대다'라는 의미처럼 설렘으로
이 문을 열고 산책을 시작한다. … 알려진 것처럼 영국의
날씨는 우중충하고 비도 자주 온다. 산책길은 항상 축축
하게 젖어 있다. 하지만 영국인들은 별로 개의치 않는다.
"나쁜 날씨는 없다. 옷을 잘못 입었을 뿐이다." 라는 시인
윌리엄 워즈워스의 말처럼 그저 옷을 챙겨 입고 장화를
신으면 된다.

– 박진배, 『공간 미식가』, 효형, 20-21쪽

영국 사람들은 변덕스런 날씨를 개의치 않는다. 우비와 장화만 있
으면 되기 때문이다. 하나님을 신뢰하는 사람에게도 나쁜 날씨_{장애물}

란 없다. 언약이라는 옷과 장화를 신으면, 언제 어디에서나 주님과 동행하는 설렘 가득한 산책이 되기 때문이다. 사울 왕가의 남은 가족들을 돌보는 다윗 이야기는 읽을 때마다 마음이 따뜻해진다.삼하9장 다윗은 요나단과 맺은 언약을 성취한다. 다윗이 요나단과 언약을 맺었을 때는 둘 중에 누가 왕이 될지 아무도 몰랐다. 두 사람은 누가 왕이 되든지 '권력'이익이 아닌, '사랑'이 그들 관계의 중심이 되리라는 것을 약속했다. 비즈니스가 아닌 헤세드의 약속이다. 다윗은 왕이 된 후, 요나단과 맺은 언약을 지키기 위해 요나단의 아들 므비보셋을 찾았다. 사울 왕가의 종 시바는 다윗에게 므비보셋의 소식을 전하면서 '다리를 저는 자'라고 소개했다. 다소 경멸적으로 므비보셋을 이야기한 것이다. 이유가 있었다. 시바는 므비보셋 대신에 자신이 다윗 왕의 총애를 받고 싶었다.

하지만 시바의 이런 반응은 언약에 대한 편협한 이해가 깔려있다. 다윗과 요나단의 언약은 두 사람만의 약속이 아니다. 언약의 성취는 언약 당사자를 넘어 다른 사람의 유익으로 확장된다. 언약은 공동선을 지향한다. 언약에 충실한 사람은 하나님 앞에서 모든 것을 상대화한다. 그래서 사회적 오해와 편견장애, 경쟁에 개의치 않고, 그 이면에 감추어진 것을 본다. "나쁜 날씨는 없다. 옷을 잘못 입었을 뿐이다." 영국의 변덕스러운 날씨도 산책하는 사람을 묶어 놓을 수 없다. 우비와 장화만 있으면 어디든지 갈 수 있다. 우리에게도 우비와 장화가 있다. 땅의 이야기를 하늘의 이야기에 종속시킬 때, 언제나 풍성한 언약의 산책을 떠날 수 있다.

"좋은 땅에 떨어졌다는 것은 말씀을 듣고 깨닫는 자니 결실하여 어떤 것은 백 배, 어떤 것은 육십 배, 어떤 것은 삼십 배가 되느니라 하시더라"(마태복음 13:23)

대극의 합일을
노래하다

> 베토벤은 '성악'과 '기악'이라는 대극적 관계를 하나로
> 통합하였다. 베토벤 이전의 모든 작곡가들은 성악과 기
> 악이라는 대극적인 모델로 작곡에 임하였다. 즉 성악을
> 위한 곡과 기악을 위한 곡은 서로 독립적인 상태에 있었
> 다. 그러나 베토벤은 〈교향곡 제9번〉 마지막 제4악장 〈
> 합창〉을 포함 시킴으로써 성악과 기악을 하나로 통괄하
> 고 있다. 비단 성악과 기악의 합일뿐만 아니라 '나와 너'
> 의 합일을 성취하고 있다. 로맹 롤랑은 이 곡에 대해 "합
> 창이 관현악에 종속되지 않고, 또한 관현악이 합창에 종
> 속되지 않으면서 기악과 성악이 혼연일체가 되는 곡"이
> 라고 표현한 바 있다.
>
> — 조수철, 『베토벤, 그 거룩한 울림에 관하여』,
> 서울대학교출판부, 190-191쪽

　두 사람이 있는 곳에 정치가 필요하다는 말이 있지만, 정치 외에
필요한 것이 한 가지 더 있다. 음악이 그것이다. 한 번에 여러 음을
동시에 연주하면서 화음을 이루는 것이 음악의 특징이다. 사람의 목
소리는 동시에 여러 음을 낼 수 없지만, 음악은 얼마든지 가능하다.

피아노, 바이올린, 첼로, 기타 연주를 듣다 보면 우리의 마음도 조율된다. 힘들 때 음악을 들으면 치유와 회복이 일어난다. 특별히 베토벤Ludwig van Beethoven의 〈교향곡 제9번〉 제4악장 〈합창〉은 우리에게 말할 수 없는 감동을 안겨준다. 베토벤의 〈합창〉 교향곡은 성악과 기악의 합일을 이루면서 나와 너의 합일로 이끄는 작곡가의 사상이 담겨 있다. 베토벤은 성악과 기악이라는 대극적 관계를 하나로 통합하였다. 베토벤 이전에는 기악과 성악이 한 대 어우러진 교향곡은 없었다. 자연도 대극의 합일을 노래한다. 반대와 대립이라고 생각했던 것이 밤과 낮처럼 한 쌍이라는 것을 알게 된다. 빛과 어두움, 땅과 하늘, 남자와 여자, 성공과 실패, 죄와 은혜. 대극적인 것을 통합해서 하나님을 예배할 때, 우리의 삶은 온전해진다.

"주께서 내 원수의 목전에서 내게 상을 차려 주시고 기름을 내 머리에 부으셨으니 내 잔이 넘치나이다"(시편 23:5)

매 순간
부르는 이름

하느님의 이름은 히브리어로는 신성한 자음 'YHWH'이다. 유다인들에게 그것은 발음이 불가능한 이름이었다. 그러므로 그 이름을 어떻게 부르는지 알려고 하는 것은 계명에 이른 대로출20:7 처음부터 헛된 짓이었다…이 발음 불가능한 이름에 담긴 깊은 뜻을 이제 우리는 짐작하게 되었다. 본디 그것은 입술과 혀로 발음되는 이름이 아니라 코로 '숨 쉬어지는breathed' 이름인 것이다. 많은 사람이 신성한 자음의 정확한 발음은 들이쉬고 내쉬는 숨소리를 그대로 시늉한 것이었다고 주장한다. 그러고 보면 우리는 살아있으면서 매 순간 하는 일이 '하느님 이름을' 부르는 것이다. 세상에 태어나면서 맨 처음 한 일이 그분의 이름을 부르는 것이었고, 세상을 떠나면서 마지막으로 할 일이 그분 이름을 부르는 것이라는 얘기다.

- 리처드 로어, 『벌거벗은 지금』, 바오로딸, 190-191쪽

장례 예배를 드릴 때마다 부르는 찬송이 찬송가 338장이다. 특히 4절 가사는 부를 때마다 크게 위로받는다. "야곱이 잠 깨어 일어난 후 돌단을 쌓은 것 본받아서 숨질 때 되도록 늘 찬송하면서 주께 더

나가기 원합니다." 가족의 임종을 보지 못하거나, 불의의 사고로 돌아가신 경우에 유족들의 슬픔과 충격은 이루 다 말할 수가 없다. 그럴 때마다 출애굽기 3:14을 읽고, 하나님의 이름에 관한 말씀을 나눈다. 하나님의 이름은 입술이 아닌, 들이쉬고 내쉬는 숨소리로 만든 이름이다. 숨을 쉴 때마다 우리는 하나님의 이름을 부른다. 사람이 태어나서 맨 처음 한 일이 하나님의 이름을 부르는 것이고, 세상을 떠나는 마지막 순간까지 하는 일이 바로 하나님의 이름을 부르는 것이다. 그렇게 말씀을 나눈 뒤, 고인이 마지막 순간까지 하나님의 이름을 부르다가 하나님의 부름을 받으셨다는 말씀으로 유족들을 위로한다. 하나님의 이름에 관한 말씀을 전할 때 신앙을 가진 분은 말할 것도 없고, 신앙이 없는 분들도 마음을 열고 경청하신다. 해와 비를 선인과 악인에게 주시는 하나님은, 하나님의 이름도 모든 사람이 부를 수 있게 입술이 아닌, 숨소리로 발음되게 만드셨다. 우리는 매 순간 하나님의 이름을 부른다. 숨이 멎는 순간까지 우리는 하나님의 이름을 부른다.

"에흐예 아쉐르 에흐예" 나는 스스로 있는 자이니라

"하나님이 모세에게 이르시되 나는 스스로 있는 자이니라 또 이르시되 너는 이스라엘 자손에게 이같이 이르기를 스스로 있는 자가 나를 너희에게 보내셨다 하라"(출애굽기 3:14)

승복할 때
기적이 일어난다

『진실이 치유 한다』라는 책에서 저자 데보라 킹은 말한다. "진실을 부인하거나 덮어두게 되면 건강이 나빠지거나 인간관계에 문제가 생기거나 재정적인 어려움을 겪게 된다." 난 스스로 내가 좋은 사람이라는 걸 안다. 그러나 문제도 있는 사람이라는 걸 안다. 이제 문제가 무엇인지, 내가 감추고 있는, 혹은 모르고 있는 진실이 무엇인지 알아야 할 때가 온 것이다. "내가 무엇을 잘못했길래 나에게 암이 와!", "내가 왜 불행해야 해!", "왜 죽어야 해!" 무서워하고 화내지 않았다. 그냥 받아들였다. 나의 한계, 운명을 수용했다. 승복했다. 완전히 승복할 때 기적이 일어난다. 승복한다는 것은 완전히 교감한다는 것이고, 느낀다는 것은 합일된다는 것이다. 그것이 치유다. 합일을 경험한 암이 미련 없이 나에게 '기적'이라는 선물을 주고 홀연히 떠났다. 암도 나의 스승이었다. 나를 슬프게 한 그 선배도 나의 스승이었다. 내 삶의 모든 순간들이 스승이었다.

- 최보결, 『나의 눈물에 춤을 바칩니다』, 미다스북스, 50-52쪽

안무가 최보결 선생은 안정된 직장을 그만두고, 자신의 전공인 춤

을 본격적으로 시작했다. 그런데 그때부터 일이 꼬이기 시작했다. 불쑥 암이 찾아왔고, 믿었던 선배의 배신으로 서울 근교에 터를 잡은 집에서 빈손으로 나와야 했다. 이때 최보결 선생은 억울하고 힘들었지만, 그 모든 일을 그냥 받아들였다. 승복한다는 것은 패배가 아니라 교감하는 것이다. 느낀다는 것은 합일된다는 것이고, 그 자체로 치유와 회복이었다. 그렇게 실패와 배신과 심지어 암도 스승이 되었다. 삶의 모든 순간이 스승이 되었다. 아침이 오면 저녁이 오고, 겨울이 가면 봄이 온다.

지혜란 하나님이 정하신 패턴을 이해하고 그에 맞추어 살아가는 것이다. 하나님은 정해진 어떤 패턴 안에서만 움직이는 분은 아니다. 하나님은 예기치 못한 일에도 역사하신다. 어디에나 하나님의 은혜가 있다. 슬픈 몸, 수줍은 몸, 괴팍한 몸, 주름진 몸, 고통스러운 몸, 아픈 몸, 기쁜 몸, 휠체어를 탄 몸도 하나님과 춤을 출 수 있다.

"여호와께서 온갖 것을 그 쓰임에 적당하게 지으셨나니 악인도 악한 날에 적당하게 하셨느니라"(잠언 16:4)

비극의
한복판에서

1992년부터 1995년까지 전 세계는 최악의 내전 중 하나로 기록되는 보스니아 내전을 겪었다. 처음에는 유고슬라비아 군대의 지원을 받던 세르비아인들이 크로아티안인과 보스니아인을 공격했지만, 곧 크로아티아인들과 보스니아인들 또한 연합하여 반격했다. 종국에는 아무도 그 유혈사태에서 책임을 면할 수 없었다. 그 내전으로 10만 명 이상의 사람들이 죽었으며, 220만 여 명의 사람들이 집을 잃었다. 그리고 약 12,000명의 여성들(주로 무슬림)이 강간당했다고 추정된다. 하지만 그 추악함과 괴로움의 현장 한가운데서 등장한 아름다움은 사뭇 다른 이야기를 들려주었다. 박격포가 쏟아지는 사라예보에서, 보스니아 헤르체고비나 출신의 첼리스트 베드란 스마일로비치는 자신이 할 줄 아는 유일한 일을 했다. 첼로를 연주한 것이다. 건물이 무너지고 그의 가족들과 친구들이 죽어가는 도시의 한가운데서 그는 첼로를 연주했다. 완벽한 연주복 차림으로, 부서지고 무너진 건물들의 폐허 속에서 저격당할 위험을 무릅쓰고 첼로를 연주한 것이다. 비통함과 굶주림 속에 있던 사람들이 그의 연주를 듣기 위해 모였다. 왜였을까? 스마일로비치는 이렇게 말했다. "그들은 굶주렸지만, 그렇다고 영혼이 없는 건 아니었습니다."

- 제임스 B.스미스, 『위대한 이야기』, 비아토르, 33-34쪽

비극의 한복판에서 스마일로비치Vedran Smailovic는 하나님의 악기가 되어 첼로를 연주했다. 그는 장장 44개월 동안 첼로를 연주하면서 전쟁의 광기에 맞섰다. 인간이란 어떤 존재이고, 어떻게 살아야 하는지에 대한 물음을 그는 피하지 않고 답을 했다. 인간의 삶에서 아름다움, 선함, 진실함을 빼 버리면, 그 빈 자리에 들어오는 것은 전쟁과 광기라는 것을 그는 알았으리라. 그래서 스마일로비치는 온몸으로 저항했고, 절망의 한복판에서 희망을 연주했다. 스마일로비치가 첼로를 연주할 때, 전쟁의 비통함과 굶주림 속에 있던 사람들은 첼로 연주를 듣기 위해 하나둘씩 모여들었다. 밥이 나오는 것도 아닌데, 사람들이 긴 시간 동안 모일 수 있었던 원동력은 무엇이었을까. 스마일로비치가 44개월 동안 첼로를 연주하고, 44개월 동안 배고픈 배를 부여잡고 사람들이 모인 이유는 단 하나였다. 비록 그들은 굶주렸지만, 영혼이 있는 사람들이었다. 사람들은 선하고, 진실되고, 아름다운 소리를 듣고자 전쟁의 두려움도 잊은 채 모여들었다.

"하나님이 모든 것을 지으시되 때를 따라 아름답게 하셨고 또 사람들에게는 영원을 사모하는 마음을 주셨느니라 그러나 하나님이 하시는 일의 시종을 사람으로 측량할 수 없게 하셨도다"(전도서 3:11)

큰 코와 입술을
사랑하세요

> 나는 백인 사회에서 모욕 받고 백인 신학에서 투명인간
> 이 되어버린 가난한 흑인 기독교인들에게, 또한 그들을
> 위한 글을 썼다. 흑인들을 향한 내 메시지는 이러했다.
> "여러분이 자기 자신이라는 이유로 미움을 받는 시대는
> 이제는 끝내야 합니다. 하느님은 여러분을 흑인으로 창
> 조하셨습니다. 여러분 자신을 사랑하고, 손과 얼굴을 사
> 랑하고, 큰 코와 입술을 사랑하세요. 이것은 여러분이 하
> 느님을 사랑할 수 있는 유일한 길입니다. 흑인성은 인류
> 를 향한 하느님의 선물입니다."
>
> – 제임스 콘, 『아무에게도 말하지 않을 거라고 했지만』,
> 한국기독교연구소, 34쪽

엉뚱한 상상을 해본다. 하나님이 우리를 만나기 위해 걸리는 시간
은 얼마나 될까. 아마도 순식간일 것이다. 1초도 걸리지 않을 것이다.
반대로 하나님의 은혜를 받은 인간이 '하나님'가면을 벗은 자기 자신을 만
나기 위하여 떠나는 여정은 얼마나 소요될까. 미국에서 흑인 최초로
신학박사 학위를 받은 제임스 콘James H. Cone은 고백한다. "나는 아
칸소와 대학원에서 가면 쓰는 법을 익혔지만, 가면을 벗기 위해 50

여 년간 안간힘을 썼다." 칼 바르트로 논문을 쓴 제임스 콘은 단번에 백인 주류 신학계의 중심부에 들어갈 수 있었지만, 정작 흑인을 아름답게 창조하신 하나님의 섭리를 깨닫기까지는 많은 시간이 걸렸다. 검은 손과 검은 얼굴을 사랑하고, 큰 코와 입술을 사랑하는 것이 그 여정의 핵심이다. "비극 속에서 아름다움을 바라보기란 매우 어렵다. 이를 위해선 신학적 눈이 필요하다." 하지만 제임스 콘에게 흑인의 아름다움을 발견하도록 결정적인 도움을 준 것은 다름 아닌, 흑인 음악이었다.

내가 서 있는 자리, 약하고 힘없는 자리, 찍히고 상한 자리에서 기독교 신학이 출발한다는 것을 그에게 가르쳐준 것은 흑인 음악재즈, 블루스, 흑인영가이었다. 흑인의 경험을 가지고 성경을 읽으니 예수가 보였다. 예수 주변의 소자흑인가 보이기 시작했다. 제임스 콘은 백인들의 신학을 알았을 뿐 아니라, 백인들이 모르는 흑인의 삶을 발견했다. 그렇게 하나님을 만나고, 아름다운 자신을 만나는 데 성공했다.

"임금이 대답하여 이르시되 내가 진실로 너희에게 이르노니 너희가 여기 내 형제 중에 지극히 작은 자 하나에게 한 것이 곧 내게 한 것이 니라 하시고"(마태복음 25:40)

군자불기

"군자는 그릇이 아니다." 「위정」편 12장. 그릇은 일정한 쓰임새가 있는데, 군자는 일정한 쓰임새에 한정되지 않고 크다는 뜻으로 한 말씀이다. 『장자』「인간세」편에 거대한 가죽나무 이야기와 같은 맥락에 있다. 이 가죽나무는 둘레가 백 아름이나 되지만 쓸모가 없는데, 쓸모가 없기 때문에 이렇게 커졌고, 그래서 수많은 사람들이 쉴 수 있는 큰 그늘을 드리울 수 있으니 사실은 더 크게 쓰인다. 공자가 말한 군자가 그릇이 아니라는 의미 또한 형체가 분명하지 않기 때문에 쓸모가 없는 것이 아니라, 그것이 담을 수 있는 내용이 크고 언제든 성장할 수 있다는 뜻에서 군자라는 의미다.

– 황병기, 『논어 백 가락』, 풀빛, 89쪽

군자君子가 불기不器라면, 복음 역시 제한된 카테고리에 가둘 수 없기에 복음불기福音不器라고 할 수 있다. 복음을 불기로 믿는 사람은 삶의 다양한 변수 앞에서 강하다. 반대로 복음을 유기有器로 한정 짓는 사람은 어떨까. 그는 상황이 자신의 뜻과 다르게 전개될 때 크게 당황할 것이다.

엘리 제사장이 그랬다. 언약궤를 빼앗기고 두 아들 홉니와 비느하스가 죽었다는 소식에, 그는 의자에서 뒤로 넘어져 목이 부러져 죽었다. 엘리 제사장이 충격에 빠진 이유는 무엇인가. 하나님의 언약궤만 있으면 무조건 승리한다는 '생각'이 오히려 그를 넘어지게 한 것은 아니었을까. 하나님은 승리는 물론이고 패배를 통해서도 일하신다는 것을 그가 알았다면 어떠했을까. 동일한 하나님을 믿지만, 신앙의 패턴에 따라 전혀 다른 삶이 펼쳐진다. 체스터튼이 말한 것처럼, 하늘에 자신의 머리를 넣는 사람과 자신의 머리에 하늘을 집어넣으려는 사람이 있다.

"하나님의 궤를 말할 때에 엘리가 자기 의자에서 뒤로 넘어져 문 곁에서 목이 부러져 죽었으니 나이가 많고 비대한 까닭이라 그가 이스라엘의 사사가 된 지 사십 년이었더라"(사무엘상 4:18)

○ 군자불기君子不器

군자는 형태가 고정된 그릇이 아니라서 모든 분야에 원만하게 적응할 수 있다는 의미. 군자는 한 가지 용도에만 사용되는 그릇과 같은 사람이 아니라 학식과 덕망을 두루 갖추고 세상을 다스리는 중요한 방향을 제시하는 사람이다.

만두 박사

남동생은 한참 먹성이 좋을 때이기도 했지만 만두를 특히 좋아했다. 만두를 스물다섯 개 먹었다고 자랑하곤 했으니까 볼이 붉었던 소년, 엄마가 만든 만두라면 얼마든지 더 먹을 수 있다고 했다. 엄마는 그 아들의 등을 자랑스러운 듯 툭 치면서 만두 만드는 노고를 잊는 듯 허리를 펴셨다. 그 애가 세상을 떠나고 세모歲暮가 왔다. 어찌 그 몇 달을 지낼 수 있었을까? 나는 엄마가 쓰신 일기를 잘 보지 않는다. 너무 슬프기 때문에. 고통을 이겨내는 과정이 너무 서글프기 때문이다. 미쳐버리지 못하는 정신의 명료함을 탓하던 그 시간이 떠오르기 때문이다. 만두를 얼마든지 더 먹을 수 있다던 아이. "만두 박사가 없는데 무슨 재미로 만두를 하나?" 하시면서도 그해 연말 우리가 마련한 재료로 만두를 빚으셨던 엄마. 그래서 만두를 보면 슬픔이 올라온다. 음식은 말이 없는데, 만두를 빚으면 만두 박사가 떠오르는 것은 어쩔 수 없다.

- 호원숙, 『정확하고 완전한 사랑의 기억』, 세미콜론, 49–50쪽

만두를 잘 빚었던 박완서 작가와 유난히 만두를 좋아했던 작가의 아들. 한 자리에서 만두 스물다섯 개를 먹을 정도로 먹성이 좋았던

그 아들을 교통사고로 떠나보내고, 참척의 고통 속에서 맞이한 세모歲暮. 그 해가 저무는 때. 박완서 작가는 "만두 박사가 없는데 무슨 재미로 만두를 하나" 하면서도 만두를 빚었다고 한다. 수필가 윤세영의 말처럼 "기적은 하늘을 날고 물 위를 걷는 것이 아니라 평범한 일상 그 자체"인지도 모르겠다. 만두 박사가 없어도 작가는 만두를 빚었다. 다시 만두를 빚는 작가, 다시 일상을 살아가는 삶, 이것이 기적이 아니고 무엇이겠는가.

물 위를 걸어 제자들에게 오셨던 예수님은 오늘 우리 삶에도 기적을 베푸신다. 만두를 빚고, 국을 끓이고, 밥을 짓는 평범한 일상을 통해서 하나님은 매일 매일 우리를 찾아오신다. 아주 오래된 기적이다.

"이에 내가 희락을 찬양하노니 이는 사람이 먹고 마시고 즐거워하는 것보다 더 나은 것이 해 아래에는 없음이라 하나님이 사람을 해 아래에서 살게 하신 날 동안 수고하는 일 중에 그러한 일이 그와 함께 있을 것이니라"(전도서 8:15)

"너는 가서 기쁨으로 네 음식물을 먹고 즐거운 마음으로 네 포도주를 마실지어다 이는 하나님이 네가 하는 일들을 벌써 기쁘게 받으셨음이니라"(전도서 9:7)

내 얼굴 속에 있는 그리스도

기독교 세계관

물고기가 삼킨
어부

> 이야기가 되려면 일련의 사건들이 있어야 합니다만, 이
> 일련의 사건들-이것을 플롯이라고 하지요-이 사실은
> 뭔가 다른 것을 잡기 위한 '그물'에 불과함을 이해해야
> 합니다. 이야기라는 그물이 새를 잡는 데 성공하는 경우
> 는 아주 드물다는 것을 인정해야 합니다. 결론적으로 모
> 든 이야기의 핵심에 있는 주제와 플롯 사이의 이런 내
> 적 긴장이 결국 이야기와 삶의 주된 유사점에 해당한다
> 면 엉뚱한 소리처럼 들릴까요? 이야기가 주제를 구현
> 하는 데 실패한다면 삶도 똑같은 실수를 범하지 않습니
> 까? 삶에서도 예술에서도, 우리는 연속적 순간들의 그
> 물로 연속적이지 않은 어떤 것을 잡으려고 늘 시도하는
> 것 같습니다.
>
> - C. S. 루이스, 『이야기에 관하여』, 홍성사, 36, 38-40쪽

좋은 이야기와 나쁜 이야기는 무엇이 다른가. 단순하게 성공과 실
패로 좋은 이야기와 나쁜 이야기를 구분할 수는 없다. C. S. 루이스
는 좋은 이야기란 플롯으로 주제를 낚는 이야기라고 말한다. 좋은 이
야기는 주제를 구현하는 데 성공한 이야기다. 반대로 좋지 못한 이야

기는 엉뚱한 것을 낚는 이야기다. 유명한 배우들이 참여했고, 재밌고 유쾌한 에피소드가 펼쳐지는 드라마인데, 별로 남는 것이 없다면 그 이야기는 어떤 이야기라고 해야 할까. 화려하고 재미는 있지만, 정작 주제를 낚지 못하는 이야기라면, 그 이야기는 이야기의 존재 목적을 상실한 것이다.

인간의 삶도 마찬가지다. 우리의 삶을 이야기에 비유해 본다면, 삶에서 매 순간 발생하는 일련의 사건들은 물론 그 자체로도 의미가 있지만, 궁극적으로는 더 큰 무언가를 낚기 위한 그물^{플롯}이다. 모든 텍스트에는 밖으로 드러난 의미와 감춰진 의미 즉, 서브 텍스트가 있다. 언제나 드러난 의미는 감춰진 의미를 낚기 위해 존재한다. 어떤 사람이 사업에 성공했는데, 막상 혼자 있을 때는 외롭고 쓸쓸하다고 해 보자. 거기에다가 사람들로부터 졸부라는 말까지 듣는다면, 그 사람은 플롯^돈으로 주제^{목적}를 낚는 데 실패한 사람일 것이다.

영국의 시인이자 평론가인 찰스 스윈번Algernon Charles Swinburne 은 "아무리 지친 강도 굽이쳐 결국 바다로 흘러 들어가지"라고 했다. 지친 강물이 바다로 흘러가려면 어떻게 해야 할까. 지친 인생이 굽이쳐 마침내 바다에 도착하려면, 연속적인 것^{지친 강}으로, 연속적이지 않은 것^{주제}을 잡아낼 때 가능하지 않을까. 그리스도인은 성공과 실패, 행복과 불행이라는 그물^{우여곡절}로 하나님의 나라를 낚는 어부다. 그리스도인은 물고기를 낚는 어부거나, 요나처럼 물고기가 삼킨 어부가 된다. 그렇게 될 때, 그리스도인은 인생이라는 플롯으로 주제를 낚는 어부가 되고, 하나님의 말씀에 낚인 어부가 된다. 물고기를 낚는 어부가 되거나, 물고기가 삼킨 어부가 되는 것. 이것이 그리스도인이 가야 할 길이다.

"여호와께서 이미 큰 물고기를 예비하사 요나를 삼키게 하셨으므로 요나가 밤낮 삼일을 물고기 뱃속에 있으니라"(요나서1:17)

○   플롯

소설에서 '구성'은 작가의 의도대로 사건을 짜임새 있게 재구성하는 것이다. 구성은 영어로 하면 '플롯plot'이다. 시간 순서에 따른 스토리를 줄거리라고 한다면, 플롯은 원인과 결과로 이루어진 인과 관계로 정리된 사건의 이야기라 할 수 있다.

수평만 있고
수직이 없다면

'우리 아버지.' 주의 기도를 여는 이 첫 번째 말에 '하늘에 계신' 이라는 말을 덧붙입니다. 그리하여 모든 기도가(그리고 그 기도와 함께 우리의 전 생애가) '하늘'로 들어올려집니다. '하늘'은 삶의 수직적인 차원을 가리킵니다. 그러므로 '하늘'을 말할 때 우리는 우리 인간이 더 높고 영적인 차원을 지향한다고 말하는 셈입니다. 인간의 삶을 순수하게 생물학적인 범주, 물질의 범주에서만 다루어 '인간을 격하'하려는 이들은 '하늘'을 증오하고 조롱합니다.

— 알렉산더 슈메만, 『우리 아버지』, 비아, 17쪽

모든 차별과 혐오에는 인간을 격하시키는 세계관이 있다. 인간을 생물학적인 범주와 물질적인 범주에 제한시키는 것은, 모든 차별과 혐오의 근원이라고 말할 수 있다. 타인에게 혐오적인 행동을 하는 사람을 볼 때 눈살을 찌 뿌리게 된다. 또한 우리는 톨스토이Leo Tolstoy의 소설 『안나 카레니나』에 나오는 '쉬체르바스카야' 같은 인물을 만날 때면 자기도 모르게 불편함을 느낀다.

"누군가는 안나 카레니나에 나오는 '쉬체르바스카야'를 떠올릴지 모르겠습니다. 그녀는 어떤 주제로도 토론할 수 있고, 무엇이든 이해하지만, 삶의 의미에 관한 보다 깊은 질문으로 대화가 진행되면 자신을 닫아겁니다. 그렇게 굳게 닫힌 문은 누구도 통과할 수 없습니다."

『우리 아버지』

삶의 의미에 관한 질문을 회피하는 것은, 다른 누군가를 향하기 전에, 먼저 자신을 격하시키고 소외시킨다. 수직적인 삶을 외면한 채, 오로지 수평적인 삶에만 관심을 두고, 그런 삶을 지향하는 사람은 타인과 자신을 생물학적인 범주에 가두는 사람이다. 온통 먹고, 싸고, 배설하는 차원에 타인과 자신을 제한시킨다. 삶의 의미라는 수직적 차원을 생각하는 사람은 어떤 경우에라도 다른 사람을 함부로 대하지 않을 것이다.

타인과 자신을 함부로 대하는 사람의 이면에는 그를 받치고 있는 세계관이 있다. 수직은 없고, 오로지 수평만을 추구하는 세계관이 그것이다. 쉬체르바스카야는 비록 소설 속 인물이지만, 우리 주변에서도 어렵지 않게 발견할 수 있는 사람이다. 수평만 있고 수직이 없는 사람은 문을 닫고 사는 사람이다. 굳게 닫힌 문은 그 누구도 통과할 수 없다. 어떤 사람이 행복한 사람인가. 수평의 세계에서 홀로 행복하게 사는 사람이 아니라, 문을 열고 더불어 함께 살아가는 사람이 아닐까. 그런 사람은 언제나 사랑의 빚을 지고, 사랑의 빛을 지우는 삶을 산다.

"그들이 예루살렘의 하나님을 비방하기를 사람의 손으로 지은 세상 사람의 신들을 비방하듯이 하였더라, 이러므로 히스기야 왕이 아모스의 아들 이사야와 더불어 '하늘'을 향하여 부르짖어 기도하였더니"(역대하 32:19-20)

모비딕과
스타벅

선장님은 저를 모욕한 게 아니라 격분하게 했습니다. 하지만 그러니 스타벅을 조심하라는 부탁은 드리지 않겠습니다. 웃으실지 모르겠지만, 에이헤브는 에이헤브를 조심해야 합니다. 당신 스스로를 조심하세요. 영감님.

- 허먼 멜빌, 『모비딕』, 문학동네, 725쪽

고래잡이배 포경선 피쿼드호의 일등항해사인 스타벅은 다급한 목소리로 에이헤브 선장에게 배 밑 창고에서 고래 기름이 새고 있다고 보고한다. 자칫 큰 손실이 발생할 수 있는 중요한 사안이었다. 그러나 이런 엄중한 사태에도 불구하고 에이헤브 선장은 배를 멈추지 않고 계속 항해할 것을 명령한다. 그것은 고래 모비딕을 잡기 위해서였다. 이때가 바로 고래 기름을 얻기 위한 포경선 피쿼드호의 존재 목적은 사라지고, 거대 향유고래 모비딕을 잡으려는 에이헤브의 광기가 드러난 순간이다. 피쿼드 호는 고래 기름을 채취하는 목적으로 항해를 시작했지만, 선장 에이헤브는 자신의 한쪽 다리를 삼켜버린 거대 향유고래 모비딕에 대한 복수심에 불타오르고 있었다. 이런 와

중에 피쿼드호의 일등 항해사 스타벅은 차분하면서도 강력한 어조로 에이헤브 선장을 바라보면서 뼈 있는 한마디를 던진다. "에이헤브는 에이헤브 자신을 조심해야 합니다."

사실 에이헤브 선장이 싸워야 할 모비딕은 드넓은 바다를 유영하고 있는 향유고래가 아니라, 에이헤브 선장 내면 깊은 곳에 있는 광기모비딕라고 할 수 있다. 피쿼드호 선원 중에서 스타벅 한 사람만이 유일하게 에이헤브의 광기를 알아챘고, 그에게 충고를 했다. 그리고 에이헤브 선장과 스타벅이 부딪힌 이 장면은, 이후 모비딕의 공격을 받고 침몰하게 될 피쿼드호의 최후를 예견하는 복선을 담고 있다.

인간에게는 먼 미지의 세계에 대한 갈망이 있다고 한다. 그 갈망을 따라가다 보면 언젠가는 우리가 만나고 싶은 모비딕이 나타나지 않을까. 역설적이게도, 사람은 죽도록 죽을 일을 찾는 존재라고 한다. 언제 생의 의욕이 생기는가. 죽어도 될 만큼 죽을 일을 만나거나, 그런 가치를 만날 때가 아닐까. 사람은 모비딕을 만날 때 살아난다. 다만 모비딕과 광기는 분별해야 할 것이다. 모비딕과 광기의 차이는 무엇인가. 다행히도 스타벅의 말을 듣고 난 다음, 에이헤브 선장은 스타벅의 말을 수용하고, 피쿼드호의 기름 창고를 수리한다. 만약, 그 뒤로도 에이헤브 선장이 침착하고 신중했던 스타벅의 말을 경청했더라면 어떻게 되었을까. 그랬다면 에이헤브 선장이 그토록 갈망했던 진짜 모비딕먼 미지의 세계을 만나게 되지 않았을까. 가끔 별다방

'스타벅스'에서 커피를 마실 때면, 미국인이 가장 좋아하는 소설『모비딕』에 나오는 일등항해사 '스타벅'이 에이헤브 선장에게 했던 말이 떠오른다. "에이헤브는 에이헤브 자신을 조심해야 합니다."

"그런즉 선 줄로 생각하는 자는 넘어질까 조심하라"(고린도전서 10:12)

○ 별다방

소설『모비딕』에 등장하는 일등항해사 스타벅starbuck에 's'를 붙여서 탄생한 세계 최대 커피 체인점의 한국식 애칭.

그 벌금은
내가 내겠습니다

미국에서 한 노인이 빵을 훔쳐 먹다가 잡혀서 치안판사 앞에 끌려와 재판을 받게 되었다. 판사가 "나이도 있는 분이 염치없이 빵이나 훔쳐 먹습니까?" 하고 한마디 던지자, 노인이 눈물을 글썽이며 "사흘을 굶었습니다. 그렇다 보니 아무것도 안 보였습니다." 하고 대답했다. 판사는 이 말을 듣고 한참을 생각하더니, "빵을 훔친 절도 행위는 벌금 10달러에 해당됩니다."라고 방망이를 '땅! 땅! 땅!' 내리쳤다. 그런데 판사가 지갑을 열어서 10달러를 꺼내더니, "그 벌금은 내가 내겠습니다. 그동안 내가 좋은 음식을 너무 많이 먹은 죄에 대한 나 스스로의 벌금입니다." 하면서 벌금을 대신 내 주었습니다. 판사는 이어 "이 노인은 재판장을 나가면 또 다시 빵을 훔치게 되어 있습니다. 그러니 여기 모인 방청객 중에서도 그동안 좋은 음식 드신 분은 조금씩이라도 돈을 기부해주십시오." 라고 말했다. 이에 감동을 받은 방청객들은 호주머니를 털어 모금에 동참했고, 모금액이 1920년대 당시 돈으로 47달러가 되었다.

- 윤석철, 『삶의 정도』, 위즈덤하우스, 43-44쪽

1934년부터 1945년까지 뉴욕시장을 세 번이나 연임했고, 뉴욕

시민들의 존경을 한 몸에 받았던 라과디아Fiorello La Guardia 판사는 빵을 훔치다 잡힌 노인에게 벌금형을 내리면서 판사인 자신에게도 벌금을 부과했다고 한다. 사흘을 굶어 빵을 훔친 노인의 얼굴을 보면서 라과디아 판사는 그동안 자신이 좋은 음식을 너무 많이 먹은 죄를 발견했고, 그에 대한 벌금을 부과다. 그러면서 라과디아 판사는 방청객을 향해서도 자기와 똑같은 죄를 판결하면서 기부를 요청했다. 이에 감동을 받은 방청객들도 기쁜 마음으로 동참했고, 노인이 빵을 훔치지 않아도 될 만큼의 큰 액수의 기부금이 순식간에 모아졌다.

룻기에 나오는 보아스도 그랬던 것 같다. 그 역시 맛있는 음식을 많이 먹은 죄에 대한 벌금을 자신에게 부과한다. 보아스는 이방 여인 룻이 이삭을 줍고자 자신의 밭으로 왔을 때, 추수하는 일꾼들에게 룻이 지나가는 길목마다 일부러 곡식을 흘리라고 명령한다. 룻기를 읽을 때마다 매번 눈시울이 붉어지는 대목이다. 보아스는 곡식을 직접 룻에게 줄 수도 있었지만 그렇게 하지 않는다. 룻이 부지런히 이삭을 주워서 일용한 양식을 얻은 것처럼, 룻을 배려한다. 다음 날도 룻이 이삭을 줍도록 그녀를 격려한다. 너무나도 아름다운 장면이다.

"룻이 이삭을 주우러 일어날 때에 보아스가 자기 소년들에게 명령하

여 이르되 그에게 곡식 단 사이에서 줍게 하고 책망하지 말며, 또 그

를 위하여 곡식 다발에서 조금씩 뽑아 버려서 그에게 줍게 하고 꾸짖

지 말라 하니라"(룻기 2:15-16)

○   이삭줍기

농촌의 극빈층에게 부농이 베풀어주는 일종의 특권으로 가난한 농부들이 추수를 하고 난 다음 들판에 남은 이삭을 주워가도록 허락한 것이다. 가난한 농부들은 이삭을 줍는 것이 생존과 연결되어 있어서 치열한 경쟁을 해야 했다.

엘리트 과학도가
광신도가 된 이유

비논리의 힘을 가장 구체적으로 실감한 사람 중에는 무라카미 하루키가 있다. 그는 『노르웨이의 숲』, 『해변의 카프카』 등을 썼다. 그가 40대 중반이던 1995년 3월, 일본 사회를 뒤흔드는 사건이 일어났다. 옴진리교라고 하는 사이비 종교단체가 도쿄 지하철에 사린가스 테러를 벌인 것이다. 이 사건으로 12명이 사망하고 5,510명이 중경상을 입었다. 이 사건에서 충격을 받은 작가는 사건을 취재하기 시작했다. 작가는 범인들이 연구원이나 과학도였다는 사실을 알고 적잖이 놀랐다…하루키는 62명의 옴진리교도를 인터뷰 한 뒤에 이런 결론을 내렸다. "픽션을 읽어본 경험의 부재가 엘리트 과학도를 광신도로 만들었다."

– 이정일, 『문학은 어떻게 신앙을 더 깊게 만드는가』,
예책, 72-73쪽

일본의 유명한 소설가 무라카미 하루키村上春樹가 사이비 종교에 빠진 과학도들을 취재해 『언더그라운드』라는 책을 썼다. 도쿄 지하철에서 사린가스 테러를 일으킨 범인들이 연구원이나 과학도라는 사실에 충격을 받은 작가는 그 사건을 심층 취재하였고 그것을 바탕으로 책을 집필했다. 누구보다 똑똑했던 그들이 어쩌다 비논리적인 종교단체에 현혹되었을까. 하루키는 평상시 그들이 논리적인 글만 읽고, 소설을 읽지 않았기 때문이라는 다소 파격적인 결론을 내린다. 그러니까 사실에 기초한 글만 읽고 '논리'라는 하나의 목소리만 듣고 산 나머지, 이럴 수도 있고 저럴 수도 있는 복합적인 메시지를 해석하는 능력이 부족했다는 것이다. 그리하여 극단적인 상상력과 신비 혹은 초월로 포장한 조잡하고 단순한 사이비 교리를 분별하지 못했다는 것이다.

진리를 지키고, 거짓에 속지 않으려면, 논리적인 글을 이해하는 만큼이나 중요한 것이 비논리를 이해하는 능력이다. 은유와 초월적인 것을 이해하는 능력을 연마하지 않으면, 똑똑한 사람들도 얼마든지 거짓에 속을 수 있다. 참과 거짓을 분별하려면, 유추하는 능력과 역설과 반어로 이루어진 비논리의 세계를 이해해야 한다. 이럴 때 필요한 것이 문학이다. 한 손에 성경을, 또 다른 손에는 소설을 놓고 신앙 생활하는 모습을 상상해 본다. 성경과 소설을 함께 읽으면, 예수님의 메시지를 훨씬 더 잘 이해할 수 있다. 성경은 논리와 역설 그리고 모순과 초월을 통해서 복음을 운반하기 때문이다. 성경의 핵심 진리를 논리적으로 정리한 교리를 공부하면서 C. S.루이스의 『나니아 연대기』와 『천국과 지옥의 이혼』 같은 판타지 신학 소설을 읽는다면

매우 유익할 것이다. 하나님은 우리의 논리적인 사고와 함께 우리의
상상력에도 하나님의 복음이 흘러 들어가기를 기뻐하신다.

"갈지어다 내가 너희를 보냄이 어린 양을 이리 가운데로 보냄과 같도
다"(누가복음 10:3)

○   옴진리교

1997년 3월에 출간한 『언더그라운드』는 무라카미 하루키의 첫 논픽션 작품
이다. 1995년 3월 20일 도쿄 지하철에서 일어난 독가스 사린 테러사건의 피해
자와 관계자 62명의 인터뷰집으로 가해자는 사이비 종교 집단인 '옴진리교'
였다. 이 사건으로 13명이 사망하고 6,300명이 부상을 입었다.

내 얼굴 속에 있는
그리스도

라파엘로의 〈강복하는 그리스도〉는 부활하신 그리스도
께서 강복하시는 모습을 그리고 있다. 십자가 수난을 상
징하는 가시관을 머리에 쓰고 손과 옆구리에는 성흔聖
痕을 지닌 모습으로 그리스도를 묘사하고 있다. 그런데
그리스도의 얼굴을 보면 생김새가 왠지 우리가 상상하
는 이상적인 그리스도의 얼굴이 아니라 현실의 얼굴 같
아 보인다. 며칠을 다듬지 않아 듬성듬성 자라난 턱수염
모습이나 거리를 두고 관람자를 물끄러미 바라보는 모
습이 그러하다. 그러고 보니 그리스도의 얼굴이 라파엘
로의 〈자화상〉에 묘사된 얼굴과 상당히 닮아 있는 것을
볼 수 있다. 연대기적으로 〈자화상〉이 〈강복하는 그리스
도〉보다 조금 일찍 그려진 것을 고려해볼 때 〈자화상〉에
그렸던 자신의 얼굴을 부활하신 그리스도의 얼굴에 대
입시킨 것으로 추정된다.

- 신사빈, 『미술사의 신학』, W미디어, 244-245쪽

이탈리아의 화가 라파엘로Raffaello Sanzio는 불경스럽게도 자신의
얼굴 속에서 그리스도의 얼굴을 보았다. 중세라면 신성모독에 해당
했을 이런 작업이 가능했던 것은, 다행스럽게도 하나님의 신성까지

도 인간의 감정과 이성을 통해 표현되는 시대가 바로 라파엘로가 활동했던 시대였기 때문이다. 르네상스는 인문학의 부활을 가지고 왔고, 미술과 건축을 넘어 그 파급력은 참으로 방대했다. 무엇보다 성경을 읽는 폭과 깊이가 더해지니, 인간의 상상력에 풍성한 세례가 베풀어졌다. 라파엘로가 그리스도의 얼굴을 그릴 때 참고한 말씀은 이사야사53:2 말씀이었을 것이다. 그는 그림을 그리듯이 이 말씀을 천천히 낯설게 읽었고, 마침내 고난 받는 종이 지극히 평범한 얼굴이라는 것을 발견했다.

사실 르네상스의 궁극적인 기원은 하나님의 말씀이다. 라파엘로는 그리스도의 얼굴을 그리면서 중세의 성화처럼 신성화된 얼굴이 아닌, 길거리에서 흔하게 마주치는 지극히 평범한 얼굴로 그리스도의 얼굴을 그렸다. 라파엘로가 자신의 얼굴을 그리면서 그리스도의 얼굴을 생각한 것은 라파엘로 자신뿐 아니라, 오늘 우리에게도 커다란 축복이 아닐 수 없다. 자신을 닮은 그리스도를 그리면서 라파엘로는 무슨 생각을 했을까. 어쩌면 그는 예수님이 부활하신 것처럼, 자신도 늘 새롭게 태어나 새로운 생명력을 담은 예술가가 되고 싶었는지 모른다. 그런 희망을 담아 라파엘로는 자신의 자화상 속에 그리스도의 얼굴을 그렸고, 그리스도는 라파엘로의 얼굴을 통해서 캔버스에 성육신하셨다.

"그는 주 앞에서 자라나기를 연한 순 같고 마른 땅에서 나온 뿌리 같아서 고운 모양도 없고 풍채도 없은즉 우리가 보기에 흠모할 만한 아름다운 것이 없도다"(이사야53:2)

○ 르네상스 3대 예술가

레오나르도 다빈치, 미켈란젤로, 라파엘로는 르네상스 시대 3대 천재 예술가로 불린다. 레오나르도 다빈치의 대표작은 〈최후의 만찬〉, 〈모나리자〉이고, 미켈란젤로의 대표작은 〈피에타〉, 〈다비드상〉, 〈천지창조〉이며, 라파엘로의 대표작은 〈아테나 학당〉, 〈십자가에서 내려지는 예수〉다. 르네상스의 궁극적인 기원이 하나님의 말씀이라는 것에 대해 의심할 여지가 없는 작품들이다.

내가
가장 예뻤을 때

내가 가장 예뻤을 때

곁에 있던 이들이 숱하게 죽었다

공장에서 바다에서 이름 모를 섬에서

나는 멋 부릴 기회를 잃어버렸다.

　　　　- 이바라기 노리코, 『처음 가는 마을』, 봄날의책, 57-58쪽

일본의 여류 시인 이바라기 노리코茨木のリ子가 어린 소녀였을 때, 일본은 태평양 전쟁을 선포했다. 오직 정복과 승리만 허용되는 세상에서 소녀가 사랑했던 그림, 시, 책, 꽃, 낭만은 전쟁의 화염 속으로 사라지고 말았다. 생명을 일구는 쟁기와 낫도 생명을 앗아가는 칼로 바뀌었다. 시와 그림을 무척이나 사랑했던 이 소녀는 헌책방에서 시를 읽으면서 살벌한 시대를 보냈다. 소녀가 스무 살이 되던 해, 소녀의 조국은 전쟁에서 패배했다. 공습으로 불탄 거리를 걸으면서 소녀는 큰소리로 외쳤다. "그런 멍청한 짓이 또 있을까." 소녀는 자신의 조국이 저지른 만행을 시로 썼고, 자기가 살아 있을 때뿐 아니라, 미래에도 이 어리석고 멍청한 짓이 잊지 않고, 기억되기를 바랐다.

소녀는 자신의 시에서 오래오래 살고 싶다는 희망을 피력한다. 자신의 가장 예쁜 시절을 앗아간 조국에 대한 분노로 몸을 떨면서도, 루오 할아버지처럼 아름다운 그림을 그리고 싶다고 말한다. 소녀는 더 이상 어리석은 세계에서 살고 싶지 않다. 소녀는 윤동주의 시를 일본말로 번역했다. 소녀는 루오의 그림을 닮은 윤동주 시를 무척이나 사랑했다. 윤동주의 시를 읽으면서 자신의 조국이 얼마나 멍청한 짓을 했는지 알기를 바랐던 것이리라.

쇠가 달궈지면 대장장이는 망치를 내리친다. 시와 진실도 마찬가지다. 멍청한 짓이 멍청한 짓으로 드러날 때, 시인은 그 순간을 놓치지 않는다. 거룩한 분노로 벼려진 시는 부끄러움을 알게 하고, 죽은 자를 다시 깨어나게 한다. 그리스도인은 언제 시를 읽고, 언제 기도를 해야 하는가. 죄, 상처, 어리석음이 드러날 때, 바로 그때가 시를 읽고, 하늘을 향해 기도할 때다. 쇠가 달궈지면 내리쳐야 한다. 시와 기도도 그렇다.

"너는 내게 부르짖으라 내가 네게 응답하겠고 네가 알지 못하는 크고
은밀한 일을 네게 보이리라"(예레미야 33:3)

중요한 것은
잘 보이지 않는다

> 2차 세계대전 당시 미군은 전투기 격추율을 줄이기 위
> 해 전투에서 살아 돌아온 전투기들의 탄환 흔적을 분석
> 한 결과, 날개, 몸통, 꼬리 순으로 총격을 많이 받았다. 전
> 문가들은 그래서 그 부분의 방탄 성능을 보강하는 계획
> 을 세운다. 그러나 연구에 참여한 한 통계학자는 탄흔이
> 적은 조종석과 엔진프로펠러을 보강해야 한다는 전혀 다
> 른 주장을 했다.
>
> - 정계섭, 『우리 모두는 인지적 구두쇠다』, 좋은땅, 68-69쪽

중요한 것은 잘 보이지 않는다. 사람은 보고 싶은 것만 보고, 보기 싫은 것은 보지 않으려고 한다. 그래서 뇌과학자들은 인간이 인지적으로 구두쇠라고 말한다. 2차 세계대전 때 미군이 전투기 성능을 보강하는 계획을 추진할 때의 이야기다. 연구원들은 전투기 격추율을 줄이기 위해 전투에서 살아 돌아온 전투기의 탄환을 분석했다. 전투기는 날개, 몸통, 꼬리 순으로 총격을 많이 받았다. 전문가들은 그 부분의 방탄 성능을 보강할 계획을 세웠다.

하지만 연구원들은 가장 중요한 사실 하나를 간과했다. 그것은 조

종석과 엔진 부분에 총을 맞은 전투기는 치명상을 입고, 아예 귀환조차 하지 못했다는 사실이다. 귀환하지 못한 전투기를 참조해야 전투기 성능을 제대로 보강할 수 있다는 이야기다. 자칫하면 가장 중요한 데이터를 간과한 채, 전투기 성능을 보강할 뻔했다. 다행스러운 것은 그 자리에 있던 현명한 수학자 덕분에 편향된 데이터 분석은 피할 수 있었고, 전투기의 가장 취약한 부분을 보강할 수 있었다.

믿음, 소망, 사랑 그중에 제일은 사랑이라는 이 말씀은 내용만큼이나 중요한 것이 바로 말씀의 순서다. 최선을 선택할 것인가, 아니면 최악을 피하는 선택을 할 것인가를 놓고 고민할 때가 있다. 최선을 다하려고 할 때는 보이지 않던 것이, 최악을 피하는 선택을 하려고 할 때 비로소 보인다. 최선을 다하는 것이 좋은 것이지만, 그렇다고 해서 최선을 추구하는 것이 언제나 좋은 것은 아니다. 오히려 내가 추구하는 최선과 상대방이 원하는 최선이 만날 때, 부딪히는 갈등이 있다. 반대로 최악을 피하는 선택사랑을 할 때, 보이지 않던 것이 눈에 들어온다. 욕심을 버리고, 최악을 피하는 선택을 할 때, 인지적 구두쇠인 인간의 눈이 떠지고, 물 떠온 하인만이 알 수 있는 포도주의 비밀을 알게 된다.

"그런즉 믿음, 소망, 사랑, 이 세 가지는 항상 있을 것인데 그 중의 제
일은 사랑이라"(고린도전서 13:13)

사랑은
움직이지 않는다

> 유명한 철학자 버트런드 러셀은 1901년 어느 날, 밖에서 자전거를 타다가 자신이 더 이상 아내를 사랑하지 않는다는 사실을 깨달았다고 합니다. 그는 즉시 자전거를 타고 집으로 돌아가 아내에게 상황을 말한 뒤 이혼하고 싶다고 말하지요. 이것이 첫 번째 아내와의 일로, 사실 그는 평생 네 번이나 결혼합니다. 여기에서 사랑은 감정과 동일시됩니다. 좋은 느낌이 사라지면 사랑도 떠나는 거지요. 논리적으로 보입니다.
>
> – 스벤 브링크만, 『철학이 필요한 순간』, 다산초당, 175–176쪽

식어버린 감정을 억누르며 관계를 유지하는 것은 매우 어리석은 일이다. 그것은 상대방과 자신을 기만하는 행동이고, 무엇보다 사랑에 대한 모독이다. 이것이 바로 영국의 철학자 버트런드 러셀Bertrand Russell이 깨달은 사랑에 대한 관점이다. 하지만 영국의 철학자 겸 소설가인 아이리스 머독Iris Murdoch은 러셀과는 전혀 다른 이야기를 한다. 머독은 사랑이란 '자신'을 벗어나 타인과 맺는 관계로서 설렘, 기쁨, 분노, 질투 등 온갖 감정을 모두 다 갖는 것이라고 말한다.

사랑의 본질을 감정이라고 말했던 러셀도 그런 결론을 얻기까지는 나름대로 치열하게 사유하는 과정이 있었을 것이다. 하지만 러셀이 추구하는 사랑은 어떤 면에서 볼 때 너무나도 가벼운 사랑이다. 오로지 자신의 감정에만 충실하면 되기 때문이다. 그리고 바로 그 점 때문에 러셀의 사랑이 아직도 현대인의 사랑을 받는 것은 아닌지 모른다. 러셀의 관점과 비교 해 볼 때, 머독의 사랑은 머독 스스로 말한 것처럼 '무척 어려운 깨달음'과도 같다. 머독에게 사랑은 그 사람이 나와 다른 존재임을 인정할 때 비로소 시작되는 사랑이다. 애틋했던 감정도 언젠가는 변하기 마련이다. 그래서 머독은 감정보다 그 사람의 존재를 바라볼 것을 말한다. 그 사람이 나와 완전히 다른 존재라는 것을 받아들일 때, 감정을 뛰어넘는 사랑이 가능하다고 말한다. 그렇다. 사랑은 서로의 다름을 인정할 때 가능하고 깊어진다.

성경에서 말하는 한 몸이 되라는 말씀 역시 서로가 획일적으로 하나가 되라는 것이 아니라, 한 방향을 함께 바라보되, 오롯이 자기 자신으로 존재하라는 말씀이 아닐까. 그럴 때 러셀의 변덕스러운 사랑이 아닌, 머독이 말하는 깊은 사랑으로 무르익어갈 것이다. 사랑할수록 서로 같아지는 것이 아니라 달라져야 한다. 하나가 되려고 하면 할수록 더 멀어지게 되지만, 서로의 다름을 인정하고 존중할 때, 부부 사이도, 공동체도 더욱더 두터워지고 아름다워질 것이다. 시인 파울 첼란Paul Celan은 "내가 너라고 말할 수 있는 순간은, 내가 내 자신일 때I am you, when I am I"만 가능하다고 말한다. 철학자 김진식도 서로의 다름을 인정하는 것이 사랑의 본질임을 말한다.

 "모두가 다르다는 것을 인정하고 나면 서로에게서 나와 비슷하거나 같은 면이 먼저 눈에 띄지만, 모두가 같다고 전제하고 나면 서로에게서 나와 다른 면만 먼저 눈에 들어오는 법이다."

 "이러므로 남자가 부모를 떠나 그의 아내와 합하여 둘이 한 몸을 이룰지로다"(창세기 2:24)

전혀 다르게
해석한 사람들

1839년에 등장한 사진기는 당시 화가들에게 엄청난 시련이었다. 사진은 그동안 화가들의 전유물이었던 재현하는 일들을 대체하였다. 사진기가 등장하기 이전까지 초상화는 부와 권력의 상징이었다. 하지만 사진기가 등장하면서 일반인도 자신의 얼굴을 재현한 이미지를 소유할 수 있게 되었다…사진기는 이미지를 재현한다는 면에 있어서 그림과 같은 역할을 했다. 경제적인 관점에서 그리고 이미지의 재현이라는 관점에서 사진기는 그림보다 훨씬 효과적이었다. 그림은 설 자리가 점점 줄어들었다. 하지만 모네를 비롯한 인상주의 화가들은 사진의 등장을 위기로 보지 않았다. 이들은 자연을 그대로 재현하는 것은 사진기에 넘겨주고 자신들만이 할 수 있는 '새로운 길'을 모색했다. 당시 사진기는 지금처럼 셔터 속도가 빠르지 않았기 때문에 움직이는 대상의 명확한 실루엣을 포착할 수 없었다. 모네를 비롯한 인상주의 화가들은 사진기의 이러한 약점을 파고들었다.

- 라영환, 『모네, 일상을 기적으로』, 피톤치드, 87-88쪽

1839년 사진기가 등장했을 때, 그 충격과 파급력은 대단했다. 화

가들은 작가로서의 위기를 맞이했고, 그중에는 극단적인 선택을 하는 사람도 있었다. 그런 와중에 모네Claude Monet를 비롯한 인상파 화가는 사진기의 등장을 전혀 다르게 해석했다. 그들은 대상을 재현하는 것은 과감하게 사진기에 넘겨주고, 자신들만이 할 수 있는 새로운 기법을 연구하기 시작했다. 모네는 건초더미 연작을 무려 25점이나 그렸다. 그는 시간과 계절 그리고 날씨에 따라 대상이 어떻게 달라지는가를 화폭에 담기 위해서 건초더미를 그리고 또 그렸다. 당시만 해도 같은 주제를 연작으로 그리는 것은 아주 획기적인 일이었다.

건초더미 연작 이후, 모네는 더 이상 무엇을 그릴까 고민하지 않아도 되었다. 일상의 모든 것이 그림의 주제가 되었다. 새로운 영감을 얻기 위해서 떠나곤 했던 여행의 필요성도 사라졌다. 건초더미 연작은 대단히 큰 성공을 거두었다. 사과 한 알로 파리를 정복했던 세잔Paul Cezanne처럼, 모네는 가을 들녘의 건초더미를 통해 새로운 장르를 개척했다.

출애굽이라는 단어는 '밖으로'와 '길'이라는 두 단어가 합쳐진 말이다. 출애굽은 길 밖으로 난 길이다. 기존의 방식이 아닌, 새로운 방식으로 닦아낸 길이 출애굽이다. 인도의 독립을 열망했지만, 현실이라는 높은 벽에 직면할 때면 비노바 바베Vinoba Bhave는 이렇게 말했다고 한다.

"문은 벽에다 내는 것이다."

"모세가 바다 위로 손을 내밀매 여호와께서 큰 동풍이 밤새도록 바닷물을 물러가게 하시니 물이 갈라져 바다가 마른 땅이 된지라"(출애굽기 14:21)

○ 인상파

19세기 후반에 프랑스를 중심으로 일어난 유파로 실증주의와 사실주의 영향을 받았다. 계몽주의가 일어나며 실증과 사실이 중요해졌고 사진이 빛의 반사로 사실을 담아낸다는 것에서 착안해 빛을 그리는 것이 사진보다 더 사실을 표현하는 것이라고 믿었다고 한다.

얼어붙은 내면의
바다를 깨뜨리는 이야기

그날 우리가 본 영화는 〈미스틱 리버〉였다. 한 아이가 친구들 앞에서 유괴를 당하고, 그 아이에게 나쁜 일이 일어났다. 한 젊은 여성은 살해당했다. 그밖에도 많은 사람이 죽었고, 모든 사람이 화가 난 채로 비밀을 숨기고 있는 것 같았다. 이것은 내가 태어나 처음 본 영화였다. 나는 도대체 무엇을 위해 영화라는 것을 만드는지 알지 못했다. 오직 내가 더럽혀졌다는 느낌 죄책감만 꽉 찼다. 혹시 이 감정은 그동안의 내 생각이 틀렸다는 증거일까? 나의 자립심과 반항기는 나를 오직 비극으로만 이끄는 게 아닐까? 훗날 그 영화를 떠올릴 때면 배우들이 얼굴은 하나도 그려지지 않고 오직 불길한 느낌만이 기억났다. 나는 어쩌면 주변 사람들의 말처럼 바깥세상이 무서운 곳일지도 모른다고 생각했다. 폭력에 갇혀 사는 일은 악몽 같겠지. 나중에 더 나이가 든 뒤 나는 그 영화에 나오는 위험이 우리 공동체 안에도 존재하며, 그저 다들 쉬쉬해서 곪아가고 있을 뿐임을 깨달았다. 그리고 내부에 존재하는 위험을 솔직히 인정하는 사회가 위험을 감추는 사회보다 더 낫다고 결론 내렸다.

— 데버라 펠드먼, 『언오소독스』, 사계절, 158–159쪽

유대교 공동체 사트마에서 태어난 데버라 펠드먼Devorah Feldman
은 초정통파 유대인 공동체의 규율을 어기고, 난생처음 친구와 함
께 영화를 보았다. 그녀의 나이 17살 때 일이었다. 그런데 잔뜩 기대
를 품고 본 영화는 기대와는 다르게 온통 폭력과 고통이 중심을 이
루었다. 하필 태어나서 처음 본 영화가 폭력과 모순으로 가득 찬 영
화였던 셈이다. 펠드먼은 영화를 보는 내내 두려움과 공포에 떨어야
만 했다. 이해할 수 없는 폭력과 그것을 비밀로 덮으려는 공동체의
이야기가 영화의 줄거리였다. 영화는 해피엔딩과는 거리가 멀었다.
그날 이후, 펠드먼은 한동안 악몽과 죄책감에 시달려야 했다. 갑자
기 공동체의 규율을 어긴 것에 대한 후회가 밀려왔고, 어쩌면 이 모
든 것이 공동체의 '규율'orthodox을 어긴 징계처럼 다가왔다. 더 나아
가 공동체에서 '자립'unorthodox 하려는 자신에 대한 불길한 경고처
럼 다가왔다.

많은 시간이 흐르고 자립에 성공한 펠드먼은 그 영화가 자신을 포
섭하고 있었던 거대한 세계관을 흔들어 놓았다는 것을 알게 되었다.
영화 〈미스틱 리버〉를 통해서 펠드먼이 고통스럽게 마주했던 진리
는 무엇인가. 그것은 안전하다고 생각했던 정통 안에도 위험은 존재
한다는 사실과 문제를 감추고 쉬쉬하여 곪아가게 하는 것보다는 차
라리 솔직하게 인정하는 사회가 더욱더 건강한 공동체를 형성할 수
있다는 것이었다. 때로는 불편하고 감당하기 힘든 이야기가 우리를

구원한다. 카프카Franz Kafka의 말처럼 얼어붙은 내면의 바다를 깨부수는 이야기가 필요하다. 2009년 펠드먼은 여성에게 출산만 강요하는 초정통파 유대인 공동체인 사트마에서 탈출하는 데 성공했고, 지금은 아들과 함께 독일에서 살고 있다.

"지혜자들의 말씀들은 찌르는 채찍들 같고 회중의 스승들의 말씀들은 잘 박힌 못 같으니 다 한 목자가 주신 바이니라"(전도서 12:11)

○ 사트마

극보수주의 유대교 종파의 대표적인 집단은 '하레디'다. 하레디는 여러 지역에 하위 계파 두고 있는데, 이중 하시딕 계파의 사트마는 헝가리의 사트마 satmar라는 지역에서 유래했으며 제2차 세계대전 이후로 발전한 공동체라서 이민족에 대한 배타적인 성향이 강하다.

배
도둑질

우리 집 포도밭 근처에 배나무 한 그루가 있었습니다. 주렁주렁 많이 열리기는 했으나 그 열매의 맛이나 색깔에서 따먹고 싶을 정도는 안 되었습니다. 어느 날 밤 늦게-우리들은 그렇게 늦게까지 광장에서 노는 나쁜 습관이 있었는데- 불량배인 우리들은 다 같이 가서 나무를 흔들어 배를 땄던 것입니다. 우리는 한 아름씩 배를 가지고 와서는 그것을 먹지 않고 몇 개 겨우 맛을 본 다음 돼지 떼에 던지고 말았습니다. 이런 짓을 하는 것이 즐거웠으니 하지 말라는 것을 하는 재미였습니다. 이처럼 영혼이 당신을 떠나 돌아서서 당신 밖에서 순수하고 깨끗한 것을 찾으려고 할 때 곧 외도를 하는 것이 됩니다. 그러나 그 영혼이 당신께로 돌아가기 까지는 그것을 찾을 수가 없습니다. 당신을 멀리 떠나 당신을 대항하여 스스로 교만해지려고 하는 모든 것은 당신을 잘못 모방한 것이 됩니다. 그러나 그들은 당신을 잘못 모방하는 그 행위에서 당신이 바로 모든 자연을 만드신 창조주시라는 것을 시인하고 있으며 어디로 가든지 당신을 전혀 떠날 수 없다는 것을 고백하게 됩니다.

- 어거스틴, 『고백록』, 대한기독교서회, 83, 87-88쪽

어거스틴의『고백록』을 보면 어거스틴이 16살 때 친구들과 함께 배나무에서 배를 훔친 이야기가 나온다. 회심 후, 어거스틴은 자신이 배를 도둑질한 것에 대해 잘못된 방식으로 하나님을 모방하는 것이 었다고 말한다. 놀라운 통찰이다. 사실 어거스틴은 배가 먹고 싶어서 배를 훔친 것이 아니었다. 그것은 하지 말라는 금기를 어길 때 발생하는 희열 때문에 한 행동이었다. 금기를 어길 때 발생하는 묘한 기쁨이 있다. 죄를 짓는 이유는 바로 이 쾌락 때문이다. 하지 말라는 일을 할 때 찾아오는 희열 때문이다. 다른 사람은 안돼도, 나는 된다는 생각의 뿌리에는 무엇이 있을까. 그곳에는 마치 하나님처럼 상황을 통제하고 있는 부패한 마음이 있다.

사람들은 알게 모르게 하나님을 모방하면서 살아간다. 돈과 권력을 추구하는 이유도 하나님처럼 막강한 힘을 행사할 수 있다는 기대 때문이다. 하지만 잘못된 방식으로 하나님을 모방할 때 찾아오는 낭패감이 있다. 어거스틴이 훔친 배를 몇 개 맛본 다음 돼지 떼에게 던져버린 이유는 더 이상 행복하지 않았기 때문이다. 이처럼 죄란 수명이 짧은 행복이다. 배를 몇 개 맛본 다음에 어거스틴이 맛본 것은 무엇인가. 쓰디쓴 절망의 맛이 아니었을까. 배를 훔친 어거스틴에게 참된 기쁨은 솟아나지 않았다. 생수의 근원이 아닌 터진 웅덩이를 팠기 때문이다. 하나님을 잘못된 방식으로 모방할 때 목마름, 상처, 교만, 권태가 찾아온다. 그리고 하나님은 그 목마름, 상처, 교만, 권태, 싫증을 역이용하여서 생수의 근원으로 우리를 초대하신다. 어거스틴은 죄란 선의 결핍이라고 했다. 선의 결핍으로 생겨난 구멍은 오직 하나님의 선으로만 채울 수 있을 뿐, 다른 것으로는 불가능하다. 어거스틴은 배를 훔쳤지만, 하나님은 어거스틴의 마음을 훔쳤다. 우리는 매순간 하나님을 모방한다. 겉모습은 다르지만, 모든 사람은 하나님을 찾고 있다. 목마른 사슴처럼 샘의 근원을 찾고 있다.

"하나님이여 사슴이 시냇물을 찾기에 갈급함 같이 내 영혼이 주를 찾기에 갈급하니이다"(시편 42:1)

인간은 지향이 있는 한
방황하기 마련이다

> "인간은 지향이 있는 한 방황한다." 괴테가 60년을 쓴
> 그 작품, 『파우스트』 전체를 한 줄로 요약하라면 누구든
> 지 서슴없이 택하는 구절입니다.…주님이 "너 파우스트
> 를 아느냐?"라고 물으시니 메피스토펠레스는 "아 그 박
> 사요?" 하고 냉큼 대답합니다. 그런 메피스토펠레스에
> 게 주님은 "내 종이니라" 하십니다. 그러면서 좀 더 부연
> 하시는 말씀이 "인간은 지향이 있는 한 방황한다"라는
> 말입니다. "어두운 충동에 사로잡힌 선한 인간은 바른
> 길을 잘 의식하고 있다"는 것입니다. 그리고 시험해보라
> 하시며 메피스토의 손에 파우스트를 맡깁니다. 이로써
> 방황하겠지만 궁극적으로 구원되는, 그런 큰 그림을 주
> 제로 제시됩니다.…방황하지 않는 인간이 어디 있겠습
> 니까. 그런데 그 방황이 바로, 목표가 있고 지향이 있기
> 때문이라니! 참으로 큰 위로가 아닐 수 없습니다.
>
> - 전영애, 『꿈꾸고 사랑했네 해처럼 맑게』, 문학동네, 13, 16-17쪽

"인간은 지향志向이 있는 한 방황한다." 이 문장은 괴테Johann
Wolfgang von Goethe의 『파우스트』에 나오는 「천상의 서곡」에 등장한
다. 우리나라에는 오랜 시간 "인간은 노력이 있는 한 방황한다."로

번역되어 읽혔는데, 서울대학교 명예교수인 전영애 선생이 "노력"을 "지향"으로 바꾸어 번역한 것이다. 괴테가 60년에 걸쳐 쓴 소설 『파우스트』는 이 한 문장을 쓰기 위해 그토록 긴 시간을 할애했다고 해도 과언이 아닐 것이다. 60년이라는 긴 세월을 지나, 마침내 괴테가 마주한 것은 무엇이었을까. 목표가 있는 사람만이 방황하고, 길을 잃고, 가보지 않은 길을 걸어간다는 뜻이 아닐까. 갈 곳이 있고, 목표가 있는 사람이 갈등하고, 못 가본 길을 아쉬워하는 법이라는 것을 괴테는 알았으리라. 결국, 괴테의 이 말은 인생을 긍정하고 신을 긍정하는 사람만이 방황할 수 있다는 말이 된다.

히브리서 11장에 나오는 믿음의 사람들은 우리에게 한결같은 '지향'으로의 삶의 모습을 보여준다. 반대로 '지향' 없는 사람은 어떻게 될까. 마태복음 25장에 나오는 한 달란트 받은 사람처럼 그는 방황하지 않고, 달란트를 땅에 묻어두게 될 것이다. 그런 사람은 방황할 일은 없겠지만, 새로운 경험으로 자신과 세상을 배울 기회를 얻지 못할 것이다. 소설 『파우스트』는 인생의 종착점을 앞둔 괴테가, 자기 자신과 방황하는 사람들에게 박수갈채를 보내고, 와락 껴안아 주는 책이다. 무엇보다 인생이라는 선물을 허락하신 신에게 괴테가 바치는 소설이다.

"믿음은 바라는 것들의 실상이요 보이지 않는 것들의 증거니"(히브리

서 11:1)

"믿음으로 아브라함은 부르심을 받았을 때에 순종하여 장래의 유업으로 받을 땅에 나아갈새 갈 바를 알지 못하고 나아갔으며"(히브리서 11:8)

두 얼굴

그리스도인의 정체성

세례 받고
거듭난 커피

기독교 입장에서 보면 커피는 악마의 음료이고 사탄의 음료였습니다. 그런데 커피가 막상 들어오니까, 먹고 마시는 일을 금지하는 것이 어려워서 일부 성직자들이 교황한테 청원을 합니다. 그래서 교황 클레멘트 8세가 커피 시음회를 직접 주재하게 됩니다. 교황은 커피를 마시고는 "아, 참으로 감미로운 음료로구나. 비록 이교도의 음료이긴 하지만, 이것을 어찌 이교도에게만 마시게 할 수 있겠는가. 커피에 세례를 베풀어 악마를 바보로 만들고 기독교의 음료로 하면 어떻겠는가!"라고 말했답니다. 그 후 기독교가 커피를 금지하는 일은 없어졌습니다.

— 장수한,『깊고 진한 커피 이야기』, 자음과 모음, 33-34쪽

커피는 에티오피아 고원 지대의 아라비카가 원산지다. 아프리카에서 시작된 오스만튀르크 제국으로 건너갔고, 술을 금하는 이슬람 사회에서 커피는 뜨거운 환영을 받았다. 사실 커피는 기독교 신앙의 본질을 흔드는 것은 아니었다. 단지 정신을 맑게 해주는 카페인 음료일 뿐이었지만, 커피가 기독교 사회로 진입하려고 할 때, 종교적 편견이라는 높은 장벽이 있었다. 하지만 교황 클레멘트 8세Clemens VIII

가 커피에 세례를 베풀어 기독교의 음료로 삼은 것은 매우 탁월한 결정이었다. 그것이 가능했던 것은 본질과 비본질을 분별할 수 있었기 때문이다. 당시 유럽 사람들이 마시던 음료는 포도주와 맥주였다. 마시기 쉬운 맥주는 폭음으로 이성을 잃는 피해를 불러왔다. 그래서 커피는 마실수록 이성을 잃게 하는 맥주를 대체할 탁월한 음료로 받아들여졌다.

술은 인생의 흥을 돋우어주지만, 커피는 삶을 나누고, 더 깊은 생각을 할 때 좋은 친구가 된다. 기계로 뽑아낸 커피도 좋지만 신선한 원두의 향과 커피 본연의 깊은 맛을 느낄 수 있는 드립 커피도 좋다. 그림자와 실제가 있다. 본질과 비본질이 있다. 본질에는 일치를 추구하되 나머지는 관용할 수 있어야 한다. 지금 이 글도 세례 받은 커피, 회심한 커피를 마시면서 쓰고 있다. 검은색의 이 음료는 마실수록 정신이 맑아지고, 카페인이 주는 힘으로 밤샘 작업도 가능하다. 나에게 커피란 검은색의 마법의 물이다. 커피를 마실 때마다 세례 받은 커피를 생각한다. 본질과 비본질을 구분하라는 하나님의 음성을 듣는다. 예수님은 영과 진리로 어디에서나 하나님을 예배할 수 있다고 하셨다. 이 말씀을 통해 이분법에 갇혀 있던 사마리아 여인은 자신과 사회가 쌓아 올린 장벽을 뛰어넘었다. 복음과 커피. 커피와 복음. 이 얼마나 아름다운 조합인가.

"내가 주를 의뢰하고 적군을 향해 달리며 내 하나님을 의지하고 담을 뛰어넘나이다"(시편 18:29)

그리스도인의 정체성,
인간의 존엄

나는 투투 대주교에게 국제분쟁 해결 과정에서 함께한 수많은 사람이 대부분 상대방이 자신의 존엄을 빼앗아 갔다고 말했으며 이 사실이 내 생각에 영향을 주었다고 설명했다. 그들의 투쟁은 잃어버린 존엄을 되찾기 위한 노력이었다. 내 말을 듣고 난 뒤, 투투 대주교의 얼굴에 나타난 표정을 결코 잊을 수 없다. 대주교는 고개를 갸우뚱하고 인상을 찡그린 채 말했다. "그게 도대체 무슨 말이죠? 누구도 우리 존엄을 앗아갈 수는 없어요! 우리가 아파르트헤이트(남아공의 극단적 인종차별 정책)를 어떻게 이겨냈다고 생각하나요? 우리의 존엄이 우리의 손에 달려 있다는 사실, 오로지 우리 손에 달렸다는 사실이 그 암울한 시간을 견디게 해 주었답니다.

– 도나 힉스, 『일터의 품격』, 한빛비즈, 18쪽

우리는 칭찬과 인정을 받으면 존재감이 상승하지만, 기대한 만큼 칭찬과 인정을 받지 못할 때는 낙심하고 좌절한다. 인간의 가장 큰 오해는 인간의 자존감이 외부 요인에 따라 결정된다고 생각하는 것이다. 인간은 존엄한 존재로 태어나지만, 한 가지 문제가 있다. 존엄한 존재로서 행동하는 법은 배우지 않고 태어난다는 것이다. 그래서 미숙하다. 우리가 자신과 타인의 존엄을 존중하려면 학습이 필요한 이유다. 무엇보다 타인의 나쁜 행동이 내 행동을 결정하지 않게 해야 한다. 타인의 동의와 칭찬을 통해 나의 존엄을 인정받으려는 욕구를 경계해야 한다. 자칫하면 이 두 가지가 우리 안에 거짓 존엄을 싹트게 할 수 있다.

모든 인간은 존엄한 존재다. 자신과 타인의 존엄을 존중하고, 우리를 둘러싼 세계의 존엄을 지키고 살필 사명이 우리에게 있다. 우리는 우리 자신보다 더 큰 분과 연결되어 있다.창1:27 인간의 존엄을 그 누구도 앗아갈 수 없는 이유다. 인간의 존엄이 존중될 때 회복이 일어난다. 심지어 타인과 공감이 되지 않을 때도 그들을 존중할 수 있다. 최악의 순간에도 서로의 존엄을 존중하자. 성전에서 가슴을 치며 회개했던 세리는 자신과 타인의 존엄을 존중하는 데 성공했지만, 거짓 존엄에 도취 된 바리새인은 자신과 타인의 존엄을 존중하는 데 실패했다. 그래서 참된 회개는 거짓 존엄으로부터 우리를 구원해주는 치유제요, 자신의 정신적인 통찰력에 멋지게 경의를 표하는 행동이다.

"하나님이 자기 형상 곧 하나님의 형상대로 사람을 창조하시되 남자와 여자를 창조하시고"(창세기 1:27)

남자들이 더 이상
나를 돌아보지 않아요

> 남자들이 더 이상 나를 돌아보지 않아요…그 말은 상탈답지 않았다. 그리고 심술궂고 늙은 그녀 얼굴도 그답지 않았다. 우선 그(장마르크)가 보인 첫 번째 반응은 질투였다. 자기는 그날 아침 조금이라도 빨리 그녀 곁에 가기 위해 찻길에서 치어 죽을 각오로 뛰어 왔는데 어떻게 그녀는 다른 남자가 자신에게 관심을 기울이지 않는다고 불평할 수 있을까?
>
> — 밀란 쿤데라, 『정체성』, 민음사, 44쪽

"남자들이 더 이상 나를 돌아보지 않더라." 상탈이 장마르크를 보면서 말했다. 장마르크와 상탈은 사랑하는 연인이다. 상탈 곁에는 자신만을 열렬히 사랑하는 남자 장마르크가 있었지만, 그녀는 외로웠다. 이에 장마르크는 자신의 신분을 감추고, 그녀 앞으로 편지를 쓴다. "나는 당신을 스파이처럼 따라다닙니다. 당신은 너무 너무 아름답습니다." 상탈은 장마르크가 보낸 편지인 줄도 모르면서 그 편지를 통해 활력을 되찾아간다. 하지만 상탈은 자신에게 편지를 쓴 사람이 장마르크라는 사실을 알고 크게 분노한다. 그렇게 두 사람은 헤어진다. 하지만 편지를 통해 변화를 경험한 상탈과 그런 상탈을 사랑하는 장마르크는 서로에 대한 사랑을 확인하고 다시 재회한다.

　밀란 쿤데라Milan Kundera의 소설 『정체성』을 읽으면서 그리스도인의 정체성을 생각해보게 된다. 장마르크가 상탈에게 보낸 편지가 상탈의 정체성을 흔들어 놓았던 것처럼, 하나님의 편지는 소돔을 바꾸어 놓을 것이다.겔16:55 소돔이 변할 수 있다면 이 세상에 변하지 못할 사람은 없을 것이다. 물론 소돔이 변하는 것은 소돔의 열심이 아닌, 하나님의 열심에 달려 있다. 상탈이 장마르크의 편지로 변화된 것처럼 말이다. 신자는 그리스도를 통하여 하나님께 받아들여진 사람들이다. 신자가 복음으로 부단히 자신을 점검하지 않는다면, 자칫 종교의 자리로 전락할 수 있다. 상탈이 권태로 넘어졌듯이 말이다. 복음은 소돔 사람뿐만 아니라 모든 신자에게 필요하다. 혹시 하나님이 나를 더 이상 돌아보지 않는 것 같이 여겨질 때가 있는가. 그때가 바로 하나님이 우리에게 보내신 '러브 레터'성경를 읽을 때다.

"네 아우 소돔과 그의 딸들이 옛 지위를 회복할 것이요 사마리아와 그의 딸들도 그의 옛 지위를 회복할 것이며 너와 네 딸들도 너희 옛 지위를 회복할 것이니라"(에스겔 16:55)

악의
평범성

나는 아무리 노력해도 유리 상자 안에 있는 사람이 괴물로 보이지 않았다. 그저 출세 지향적인 전직 청소기 판매원이 따분해하며 알맹이 없는 말을 늘어놓는 것으로밖에 안 보였어. 프랑켄슈타인이 아닌 평범한 인간이라서 오히려 그가 저지른 범죄가 더욱 끔찍하게 느껴졌다. 아이히만을 사악한 괴물이라고 한다면 어떤 면에서 그의 범죄를 용서해 주는 거야. 그리고 우리 모두 잠재적인 죄를 짓게 되지. 철저하게 사유하지 못한 죄. 슬픈 진실은 선과 악 사이에서 마음을 정하지 않은 사람들이 제일 사악한 일을 저지른다는 거야.

- 켄 크림슈타인, 『한나 아렌트, 세 번의 탈출』, 더숲, 228쪽

"악의 평범성"

작가이며 철학가인 한나 아렌트Hannah Arendt가 했던 유명한 말이다. 한나 아렌트는 뉴욕 특파원 자격으로 유대인 학살의 주범인 아이히만Adolf Eichmann의 재판을 취재했고, 재판을 참관한 후 기사를 썼다. 그 기사는 비난과 함께 큰 논란을 일으켰다. 놀랍게도 한나 아렌트는 홀로코스트의 실무를 담당했던 아이히만의 모습에서 악의 특

별함이 아닌 악의 평범성을 보았다. 누구든지 사유하지 않으면 잠재적인 아이히만이 될 수 있다는 것이 그녀가 발견한 악의 모습이었다. 그렇다. 사유하지 않고 행동할 때 누구든지 악의 평범성에 감염될 수 있다. 흉악한 강도의 모습에는 누구라도 알 수 있는 악의 특별함이 있지만, 악의 평범성이라는 옷을 입은 아이히만 같은 사람은 깊이 사유하지 않으면 본인은 물론이고, 다른 사람도 분별하기가 쉽지 않다. 하지만, 한나 아렌트는 깊이 사유하는 가운데 아이히만의 범죄를 한 개인의 이야기로 끝내지 않고, 그에게서 인류가 직면한 보편적인 악의 모습을 읽어 냈다. 사람들은 아이히만을 서둘러 '악마화'하고 그에 상응한 심판을 원했지만, 아렌트는 그렇게 하지 않았다. 그렇게 했다면 '악의 평범성'은 묻혀버리고, 악의 특별함을 단죄하는 것으로 끝났을 것이다.

에스겔 선지자도 이스라엘이 왜 무너졌는지 그 원인을 악의 평범성에서 찾는다. 유다 백성도 마찬가지였다. 언니 오홀라^{북이스라엘}가 왜 멸망했는지 사유하지 않았던 동생 오홀리바^{유다}는 바벨론의 공격 앞에 허무하게 무너졌다. 한때 정을 나눈 자들^{바벨론, 앗수르}에게 배신을 당하는 오홀리바. 그리고 언니 오홀라가 마시고 죽은 잔을 그대로 마시는 오홀리바의 모습. 선지자는 사유하지 않는 자의 모습이 어떻게 되는지 이야기한다.^{겔23:32-34} 유다가 바벨론에 망한 이유가 무엇인가. 사유하지 않음, 즉 생각의 게으름 때문이었다. 악은 악의 특별함을 부각하여 악의 보편성을 숨기려고 한다. 악의 특별함을 비난하다가, 우리 곁에 와 있는 악의 평범성을 놓치지 말아야 한다.

"주 여호와께서 이같이 말씀하셨느니라 깊고 크고 가득히 담긴 네 형의 잔을 네가 마시고 코웃음과 조롱을 당하리라"(에스겔 23:32)

이 짓은
숙련이 안 돼요

남들은 글이 어렵고 말이 쉽다고 하지만 나에게는 말하는 것이 더 큰 스트레스다. 글은 몇 번이나 고칠 수 있고 가다듬을 수 있어 노력할 수 있다. 특히 글을 쓸 때 추구하는 완벽함은 나로 하여금 수십, 수백 번 읽어 보고 고치고, 또 읽어 보고 고치기를 반복하게 한다. 그럼에도 글쓰기는 다른 일들처럼 수십 년을 했다고 숙련되는 분야가 아니다. 이렇게 글은 수없이 가다듬는 과정을 거쳐 태어나는 것이지만, 말은 한 번 뱉으면 고칠 수 없기 때문에 나는 말하는 자리가 가장 두렵다. 말을 잘 못하는 탓이기도 하지만, 말이 잘 나오면 내 말에 내가 홀려 과장과 위선이 섞인 것이 아닐까 항상 걱정이 된다. 이 짓 (글쓰기)은 숙련이 안 된다.

– 박완서, 2010년 3월 19일, 양화진 목요강좌

작가로 등단한 지 40년, 박완서 선생은 글쓰기가 여전히 어렵다고 토로한다. 시간이 흐르고 명성이 쌓여도 숙련되지 않는 글쓰기. 글을 쓸 때마다 작가는 막막함에 휘청거린다. 글쓰기를 비롯한 예술이라 부르는 모든 영역에는 창조적인 일에 따르는 고통이 있다. 이

른바 숙련되지 않는 고통이다. 4차 산업혁명 시대라고 하지만, 예술 만큼은 예외다. 석기 시대의 동굴벽화에 등장하는 그림과 오늘 이 시대의 예술 사이에는 예술이 지향하는 근본적인 정신에는 별 차이가 없다. 그렇다. 예술은 발전하지 않는다. 예술은 기술이 아니기 때문이다.

예수님께서 변화산에서 내려와 보니 산 아래에 사람들이 웅성거리고 있었다. 예수님과 동행하지 않았던 아홉 명의 제자들과 군중 사이에는 미묘한 긴장감이 흐르고 있었다. 제자들이 귀신 들린 아이를 고쳐주지 못했기 때문이다. 이윽고 예수님께서 귀신 들린 아이를 고쳐주심으로 상황은 일단락되었지만, 제자들은 궁금했다. 그때는 고칠 수 있었는데막6:13, 지금은 왜 고치지 못했는지 말이다. 예수님의 대답은 단호했다. "기도 외에 다른 것으로는 이런 종류가 나갈 수 없느니라." 무슨 말인가. 제자들이 하나님만 의지했을 때는 귀신을 물리칠 수 있었지만, 성공의 경험테크닉을 의지하자 여지없이 실패했다는 것이다. 그렇다. 목회는 숙련되지 않는다. 목회는 테크닉이 아니다. 영원히 그럴 것이다. 오늘도 박완서 작가의 음성이 가슴을 때린다.

"이 짓은 숙련이 안 돼요."

"집에 들어가시매 제자들이 조용히 묻자오되 우리는 어찌하여 능히

184

그 귀신을 쫓아내지 못하였나이까, 이르시되 기도 외에는 다른 것으로는 이런 종류가 나갈 수 없느니라"(마가복음 9:28-29)

두 얼굴

> 신윤복의 예술적 전략은 이처럼 사회적으로 고상하고 품위를 요하는 지위에 있는 사람들의 체면 뒤에 감추어진 억압된 본능을 들추어냄으로써 보편성에 호소하고 있다.
>
> — 최광진, 『미술로 보는 한국의 미의식』, 미술문화, 105쪽

속이는 자는 수단과 방법을 가리지 않고 목적을 이루고야 마는 사람이다. 어찌 야곱만 그러겠는가. 우리 안에도 야곱이 있다. 하나님은 야곱에게 이스라엘이라는 새 이름을 주셨다. 앞으로 죄짓지 말고, 거룩하게 살아가라는 의미인가. 그렇지 않다. 우리 인간 안에는 두 개의 얼굴, 두 개의 욕망이 있다. 야곱과 이스라엘이 있다. 벌써부터 마음이 편안해지지 않는가.

"유곽遊廓 문을 두드리는 사람은 누구나 하나님을 찾고 있다"는 오래된 명구名句처럼, 모든 사람은 두 얼굴이 있다. 야곱과 이스라엘은 인간아담이라는 대지에서 태어난 쌍둥이다. 유곽의 문과 천국의 문은 동전의 양면처럼 정반대에 위치하지만, 동시에 한 방향을 바라본다. 신앙을 단테의 『신곡』처럼 어둠에서 빛으로 나아가는 여정이

라고 생각하기 쉽다. 하지만 우리는 어둠이 빛과 함께 존재하는 것을 잊어서는 안 된다. 우리가 사물을 보기 위해서는 어둠과 빛이 혼합되어야 한다. 순전한 빛은 우리의 눈을 멀게 한다. 보기 위해서 그리고 우리의 눈이 멀지 않으려면 그림자가 필요하다.

신윤복의 〈월하정인〉月下情人은 초승달이 뜬 야밤에 한 젊은 선비가 쓰개치마를 둘러쓴 기생을 만나는 장면을 그렸다. "달빛 침침한 야삼경에, 두 사람의 마음은 그들만이 알리라"는 그림 속 화제만 보더라도 통금시간인 10시를 훌쩍 넘긴 두 남녀가 위험한 만남을 시도하고 있다는 것을 짐작할 수 있다. 긴장된 두 사람을 초승달은 은은한 미소를 지으며 바라본다. 풍속화를 잘 그렸던 김홍도와는 또 다르게 신윤복은 인간의 내면을 솔직하게 표현했다. 우리 안에 있는 야곱과 이스라엘을 그렸다.

"그가 이르되 네 이름을 다시는 야곱이라 부를 것이 아니요 이스라엘이라 부를 것이니 이는 네가 하나님과 및 사람들과 겨루어 이겼음이라"(창세기 32:28)

○　유곽

일제 강점기 시절 일본에 의해 조선에 조성된 성매매 장소.

최고의
명대사

〈나의 아저씨〉를 기획했던 2013년은 드라마 시장이 '설정의 시대'일 때였습니다. 당시 드라마 속 주인공 캐릭터는 다수가 파워풀함을 기본 공식으로 삼았고, 그 힘을 의사, 변호사, 형사, 판사와 같은 직종으로써 만들고 있었습니다. 후에는 이를 넘어서 초능력자, 시간을 거스르는 자, 다른 세상에서 온 자 등으로 넘어가기도 했고요. 드라마와 영화를 보는 이유가 서사보다 인간의 결을 보고 싶어서, 정서를 느끼고 싶어서인 제게는 이런 흐름이 좀 꽉꽉하게 다가왔습니다. 저는 사람에게 감동하고 싶었습니다. 누군가가 어떤 영웅적인 일을 해서 감동하는 게 아니라, 인간이 인간의 면모를 보이기에 감동하는 얘기가 보고 싶었습니다.

— 박해영, 『나의 아저씨2』, 세계사, 389쪽

'이미'와 '아직' 사이에 있는 교회가 빠지기 쉬운 유혹 중 하나는, 매끈한 신학적 이론과 대중적인 종말론이다. 삶이 고단하고 통제되지 않을수록 '매끈하고 짜릿한 대중적 신학'마4:3;살후3:11만큼 대중의 공감과 지지를 받기 쉬운 것도 없다. 이런 매끈한 신학과 대중적 종말론은 교회 밖 드라마에서도 어렵지 않게 발견할 수 있다. 파워풀한 주인공을 등장시킨 드라마 〈별에서 온 그대〉, 〈도깨비〉는 순식간에 대한민국 안방을 점령했고 한류 바람을 일으켰다. 그런 와중에 대중적인 흐름과는 사뭇 다른 드라마가 방영되었다. 박해영 작가가 각본을 쓴 〈나의 아저씨〉다. 좋은 드라마 한 편은 삶에 대한 소중한 통찰을 준다. 삶은 한 편의 드라마와 같다. 물론 이때의 드라마는 현실의 악과 고통과 갈등을 인정하되, 그 힘에 압도되지 않고, 하나님의 계시인간의 근원를 기억하면서, 생생하게 살아가는 드라마를 말한다. 가끔 힘들고 지칠 때면 〈나의 아저씨〉의 주인공들의 대사를 곱씹어 본다. 내가 꼽은 최고의 명대사다.

"진짜 내가 안 미운가?"이지안

"사람 알아버리면, 그 사람 알아버리면, 그 사람이 무슨 짓을 해도 상관없어. 내가 널 알아"박동훈

"네 동생은 죽었다가 살아났으며 내가 잃었다가 얻었기로 우리가 즐 거워하고 기뻐하는 것이 마땅하다 하니라"(누가복음 15:32)

위대한 협상,
위대한 전사

> "안 돼, 절대 안 된다. 우리는 전사야. 살인자가 아니라고." 콘스탄드 빌욘 장군은 군인이 전쟁터가 아닌 곳에서 총칼을 휘둘러서는 안 된다고 말했다. 견해가 다르고, 첨예한 이해관계로 치열한 다툼이 벌어지더라도 정치 현장은 결코 전쟁터가 될 수 없다는 것이다. 힘들지만 협상과 정치(전사)로 풀어가야 한다는 것을 그는 단호하게 말 한 것이다.
>
> - 존 칼린, 오리올 말레트, 『넬슨 만델라의 위대한 협상』, 다른, 67쪽

남아프리카공화국 최초의 흑인 대통령 넬슨 만델라Nelson Rolihlahla Mandela를 어떻게 설명하면 좋을까. 그는 종신형의 죄수에서 한 나라의 대통령이 되었고, 아파르트헤이트apartheid라고 알려진 인종차별주의를 종식시켰으며, 남아공에 민주주의를 확립시킨 위대한 지도자다. 하지만, 남아공 역사에는 또 한 명의 영웅이 있다. 아프리카너백인들 사이에서 절대 지지를 받았던 콘스탄드 빌욘 Constand Viljoen 장군이다. 그는 강경파의 목소리를 잠재우고 만델라와의 대타협을 이끌어냈다. 그 여정은 순탄치 않았다. 백인들에게 핍박을 받아

왔던 아프리카인들은 '복수'를 원했다. 아프리카너들 역시 기득권을 빼앗기는 것에 '분노'했다. 충돌은 시간문제였다. 강경파 아프리카너들이, 아프리카민족회의ANC가 모이는 장소에 폭탄을 설치하자고 했을 때, 빌욘 장군은 이렇게 말했다. "안 돼. 절대 안 된다. 우리는 전사야. 살인자가 아니라고." 이 한마디 말 속에 아프리카인들과 아프리카너들 모두의 승리를 이루어낸 복음이 담겨 있다. 1994년 4월 28일 모든 인종이 참여하는 남아공 최초의 민주선거가 개최되었다. 결과는 빌욘 정당 9석, ANC는 252석이었다. 아프리카인들의 승리였고, 빌욘 장군과 그의 정당은 '전사'로서 승리한 날이었다. 사람들은 만델라를 기억하고, 빌욘 장군은 기억하지 못한다. 하지만 하나님 나라에서는 모두 오래오래 기억될 것이다.

건축자들이 버린 돌이 모퉁이의 머릿돌이 되게 하시는 하나님의 말씀은 영원한 진리다.[막12:10] 성경은 예수를 죽인 당대의 더 강한 자들이 아니라, 자신을 죽임으로 인류를 살린 예수님을 기억한다. 예수님은 자기희생으로 악의 세력과 싸워 이긴 진정한 전사였다. 그리스도인은 진정한 전사이신 그리스도를 따라가는 사람이다.

"이에 예수께서 제자들에게 이르시되 누구든지 나를 따라오려거든 자기를 부인하고 자기 십자가를 지고 나를 따를 것이니라"(마태복음 16:24)

그 누구도
온전한 섬이 아니다

"어떤 이도 그 자체로 온전한 섬이 아니다. 모든 인간은 대륙의 한 조각이며, 전체의 일부다. 만일 흙덩이가 바다에 씻겨 가면 유럽은 줄어들 것이고, 갑^岬이 그리되어도 마찬가지며, 친구와 자신의 땅이라도 마찬가지일 것이다. 그렇게 어떤 사람이 죽어도 나는 줄어드니 이는 내가 인류에 속해 있기 때문이다. 그러하니 종이 누구를 위해 울리는지 사람을 보내어 알아보지 말지니, 그 종은 그대를 위해 울리는 것이다." 이 글은 존 던의 *Meditation 17* 이라는 산문의 일부다. 존 던은 우리가 '아무도 내 마음을 몰라' 하면서 자신을 외로운 섬이라고 생각할 때, 바다 속 깊은 곳을 들여다보라고 한다. 삶을 깊게 성찰해 보면, 우리 모두는 따로 떨어진 외로운 존재가 아닌, 결코 나눌 수 없는 하나의 대륙이다.

　　　　　　　　　　　- 조이스 박, 『내가 사랑한 시옷들』, 포르체, 221-223쪽

다윗 왕조가 무너진 뒤, 유다 백성들은 다시 시작할 근원^{뿌리}을 다윗에게서 찾았다. 하지만 하나님은 다윗 왕조의 시작이 다윗이 아닌, 이새^{사11:1}라고 말씀하신다. 대단히 충격적이다. 하나님 나라는 이새

의 뿌리에서 시작된다. 하나님 나라의 근원은 예루살렘이 아닌 베들레헴이다. 돌이켜 보면 베들레헴을 망각했을 때, 예루살렘은 흔들렸고 부패했다. 베들레헴과 예루살렘은 한 몸이요 한 덩어리다. 베들레헴의 촌부가 죽으면 예루살렘의 일부분이 줄어든다. 우리 주님은 지극히 작은 자에게 한 것이 내게 한 것이라고 말씀하셨다. 변방과 중심은 결코 나뉠 수 없다. 변방과 중심은 하나다. 주변과 중심은 하나의 대륙이다.

나뭇가지가 부러져도 나무는 죽지 않지만, 뿌리가 다치면 나무는 쓰러진다. 그만큼 근원이 중요하다. 1세기 전만 해도 유럽인들은 다른 인종의 사람들을 동물처럼 대했다. 하나님 나라의 출발이 베들레헴변방이라는 사실을 망각했기 때문이다. 오늘날도 마찬가지다. 누군가의 죽음이지만, 결국 우리 모두의 죽음일 텐데, 사람들은 자신을 위하여 울리는 조종弔鐘 소리를 듣지 않는다. 넷net으로 연결된 세계지만, 사람들은 외로움에 몸부림친다. 섬처럼 존재한다. 하지만 그 누구도 그 자체로 온전한 섬이 아니다.

"이새의 줄기에서 한 싹이 나며 그 뿌리에서 한 가지가 나서 결실할 것이요"(이사야 11:1)

망상에도
동지가 필요하다

> 우리는 자신의 결함과 오류에 관한 진실을 숨긴다. 심지어 더 나쁜 경우에는 우리가 이런 오류와 단점을 갖지 않아 사랑받을 자격이 있는 것처럼 다른 사람들이 믿도록 꾸민다. 우리가 자신을 속이듯이 다른 사람을 속인다. 자기기만에 성공하기 위해서는 다른 사람을 속여야 하기 때문이다. 우리는 다른 사람이 믿는 것을 믿는 것이 가장 쉽다고 여긴다. 그러므로 우리가 거짓을 믿기 원한다면 다른 사람에게 그것이 진리라고 믿게 만들어야 한다. 망상에도 동지가 필요한 것이다.
>
> - 토머스 V. 모리스, 『파스칼의 질문』, 필로소픽, 262-263쪽

작가이며 진화 생물학자인 리처드 도킨스Richard Dawkins는 "신은 망상"이라고 말하면서, 종교 대신 무신론과 과학특히, 이기적 유전자을 인생의 문제에 대한 해답으로 제시한다. 그는 종교 없이도 얼마든지 착하고 선한 일을 할 수 있다고 말한다. 물론 가능하다. 하지만 초월적인 존재가 없다면 선과 악의 개념을 뒷받침하는 합리적인 근거도 사라지게 된다. 그런 신앙관(?)은 코로나 19로 많은 희생자가 발생해도 별문제가 되지 않는다. 코로나 사태는 단지 원자들이 스스로를

재배열한 것에 불과하기 때문이다. 심지어 끔찍한 범죄자들도 그들 안에 내장된 유전적 프로그램을 수행했을 뿐이다, 라고 말하면 그만이다. 내가 도킨스가 천명하는 무신론 과학주의에 매력을 느끼지 못하는 이유다.

과연 신은 망상인가? 무신론과 과학은 종교를 대신할 수 있는가? 도스토옙스키는 "신이 존재하지 않는다면 모든 것이 허용될 뿐이다"라고 했다. 신을 부정한 자리에는 인간이 자신을 위해 만든 '망상'^{우상}이 대신할 것이다. 그리고 망상에는 동지가 필요하다. 인간은 자신을 속이듯 다른 사람들을 속이기 위해 동지를 끌어 모은다. 문제는 기쁘고 힘든 일이 일어났을 때다. 감사를 표현하고 싶고, 고통을 토로하고 싶지만, 그럴 대상이 없기에 인간의 망상은 그 한계를 드러낸다. 그럴 때는 망상의 동료도 힘이 되지 못한다. 그리스도인이란 감사와 슬픔을 토로할 대상이 있는 사람이다. 모든 문제를 초월한, 즉 망상에 빠진 사람이 아닌, 자신의 고통과 아픔과 함께하시는 하나님을 신뢰하는 사람이 그리스도인이다.

"즐거워하는 자들과 함께 즐거워하고 우는 자들과 함께 울라"(로마서 12:15)

70점짜리
부모

다들 아빠만 찾는 둘째 모습을 신기해하며 바라보고 있을 때, 소아 정신과를 전공한 친구가 내게 말했다. 내가 볼 땐 100점짜리 육아를 하려는 형이 문제야. 그런데 당연히 그게 안 되고, 그래서 지친 부모가 0점짜리 모습을 보이게 되거든. 그게 아이에게 훨씬 안 좋아. 조금 부족한 듯해도 꾸준한 70점짜리 부모가 되는 게 아이에겐 더 좋아.

– 김지용, 『어쩌다 정신과 의사』, 심심, 216쪽

100점짜리 부모가 되려다 자칫 0점짜리 부모가 될 수 있다. 기준을 너무 높게 잡으면 쉽게 지치게 되고, 자칫 자녀에게 일관성 없는 모습을 보여줄 수 있기 때문이다. 전문가들은 차라리 조금은 부족해도 자녀에게 일관성 있는 모습을 보여주는 것이 더 중요하다고 권면한다. 위대한 교육론을 쓴 루소Jean Jacques Rousseau는 자신의 다섯 자식을 버렸다고 한다. 옳고 그름을 분별해야 하지만, 선악의 이분법으로 미끄러지지 않아야 하리라. 어떤 부모가 좋을까. 우리의 자녀가 장차 어떤 부모가 되기를 원하는가. 조금은 부족해도 꾸준한 70점짜리 부모가 되는 것이 부모와 자녀 모두에게 좋을 것 같다.

누가복음은 이방인을 위한 복음서다. 또한 누가복음은 이방인뿐만 아니라 모든 이들에게 여전히 유효한 복음서다. 이것이 누가복음이 말하는 궁극적인 메시지다. 유대인들이 추구했던 100점짜리 복음은 하나님과의 관계를 심화하기보다는 외식과 불신앙으로 미끄러지게 했다. "성경을 읽고, 신학을 공부할수록 '인간은 모호한 존재'라는 것을 실감한다"라인홀드 니버, "사람은 부분이 아닌 파편이다"폴 틸리히라는 말처럼, 앎인식론이 우리의 삶모호한 존재, 파편을 지배하려 할 때, 커다란 혼돈이 야기된다.정재현 예수님은 이방인인간의 눈높이에서 복음을 전하셨다. 예수님은 인간도 알고 하나님의 복음도 아신다. 누가복음에는 조금은 부족해도 꾸준한 70점짜리 부모와 조금은 부족해도 신실한 70점짜리 신자가 보인다. 그래서 너무 좋다.

"예수께서 대답하여 이르시되 건강한 자에게는 의사가 쓸 데 없고 병든 자라야 쓸 데 있나니, 내가 의인을 부르러 온 것이 아니요 죄인을 불러 회개시키러 왔노라"(누가복음 5:31-32)

양지를
음지로 바꾸어 주소서

어느 날 남편과 아내가 마주 보며 이야기 했습니다. "우리가 아무래도 잘못하고 있는 것 같소, 우리 가게가 너무 장사가 잘 되어 이웃 가게들이 죄다 문을 닫을 지경이니 안 되겠소.", "맞아요. 이건 예수 믿는 사람이 해선 안 될 일인 것 같아요." 부부는 하늘이 주신 인생의 양지를 음지로 바꾸어 달라는 기도를 드렸습니다. "하나님 소중한 이웃과 사랑의 줄이 끊어지는 일이 없게 해 주세요. 사랑의 낙오자가 되지 않게 해 주세요." 다음 날부터 가게에 물건을 3분의 1 정도만 갖추어 놓았습니다. 구색도 맞추지 않았습니다. 없는 물건을 찾는 손님이 오면 이웃 가게로 보냈습니다. 그랬더니 많은 가게가 골고루 잘 되었습니다. 그러다 보니 시간이 좀 남았습니다. 그녀는 글을 쓰기 시작했습니다. 그리고 5년이 흘렀습니다. 마흔두 살의 전직 초등학교 잡화점 여주인은 1964년 아사히신문이 주최한 1천만 엔 현상 소설 공모에 당선됩니다. 그녀가 바로 미우라 아야코 여사며, 그때 공모에 당선된 소설이 세계적인 기독교 문학의 반열에 오른 『빙점』입니다.

- 송용원, 『하나님의 공동선』, 성서유니온, 14쪽

『빙점』의 작가 미우라 아야꼬三浦綾子의 이야기다. 13년간의 긴 투병 생활을 마치고 그녀는 남편과 함께 작은 잡화점을 운영하면서 살았다. 친화력이 좋았던 그녀의 가게는 문전성시를 이루었다. 하지만, 그 여파로 주변의 다른 가게는 문을 닫게 되었다. 어느 날 두 부부는 하나님이 주신 양지를 음지로 바꾸어 달라는 기도를 드렸다. 자신들의 가게로 인해 주변 가게가 어렵게 된 것은 예수 믿는 사람으로서 결코 해서는 안 되는 일이라고 생각했다. 미우라 아야꼬 부부는 이웃 가게들과 함께 살아가는 삶을 선택했다. 가게의 물건을 3분의 1 정도만 갖추어 놓자, 주변 가게도 골고루 잘되었다. 가게 일로 바쁘지 않게 되자 미우라 아야꼬는 여유 시간에 글을 썼다. 그렇게 5년이라는 시간이 흘렀고, 미우라 아야꼬는 마흔 두 살의 나이로 아사히 신문이 주최한 소설 공모전에 당선되었다. 빙점氷點은 물이 얼음이 되는 시작점이면서, 동시에 얼음이 물로 녹는 시작점이 될 수 있다. 현재 우리가 얼마나 높은 위치에 서 있는가 보다 중요한 것은 어디를 바라보고 있느냐가 아닐까. 기독교라는 이야기를 삶의 중심으로 삼는 그리스도인은 이웃을 향한 공감력의 깊이와 반경을 함께 넓혀나가야 한다. 그것이 그리스도인으로서의 성공이고 행복이지 않을까.

"그런즉 너희는 먼저 그의 나라와 그의 의를 구하라 그리하면 이 모든 것을 더하시리라"(마태복음 6:33)

수컷 공작새의
비밀

> 나는 젊은 제자들에게 소설가로서 몸만들기를 가르쳤
> 다. 그림 그리듯이 섬세하게 서술하는 법, 공작새 수컷이
> 화려한 자태를 뽐내려면 항문(치부)을 드러내지 않을 수
> 없다는 것, 나의 치부를 객관화 시키고 그것을 즐길 줄
> 알아야 함을 가르쳤다. 나의 치부는 인류의 치부이니까.
> 인간의 치부는 육체적인 것만이 아닌 정신적인 것, 탐욕
> 이나 시기, 질투, 복수 의지도 다 포함한다. 내 강의실은
> 수강생들로 넘쳐났다. 수업이 끝난 다음에는 밥과 술자
> 리를 함께하면서 고정관념에서 벗어나는 길과 관념적인
> 허위의 삶에서 참삶으로 회귀하는 법을 심어주었다.
>
> ― 한승원, 『산돌 키우기』, 문학동네, 437~438쪽

　　수컷 공작새는 화려한 날개를 펼칠 때마다 자신의 치부를 드러낸
다. 공작새의 화려한 날개에만 도취된 눈은 공작새의 비밀을 놓치고
만다. 공작새 암컷은 수컷이 날개를 펼칠 때마다 드러내는 그의 치부
도 보았을까. 어떤 사람이 아름다운가. 빛과 그림자, 무한과 유한, 시
간과 영원, 자신의 치부와 아름다움을 종합할 줄 아는 사람이다. 그
럴 때 그 사람의 아름다움은 밖으로 드러난다. 그 아름다움은 참된

우정을 만들고 더 좋은 만남으로 이어진다. 건강하고 매력 있는 사람은 어떤 사람인가. 자신의 밝은 모습과 함께 자신의 그림자도 껴안을 줄 아는 사람이다.

수컷 공작새는 시편을 닮았다. 시편을 읽을 때마다 우리 안의 관념적인 허위의 모습이 드러나고, 참삶으로 돌아가라는 하나님의 음성을 듣는다. 예수님은 공중의 새를 보라고 하셨다.마6:26 수컷 공작새를 통해 대극의 합일을 본다. 공작새 수컷이 화려한 날개를 펼칠 때 우리는 무엇을 보아야 할까. 공작새 수컷이 날개를 펼칠 때마다 아름다움과 추함을 동시에 보여준다. 공작새 수컷의 화려함은 둘 중 어느 하나에 갇히지 않고 둘을 종합하여 펼쳐낸 아름다움이기에 더욱더 아름답다.

"공중의 새를 보라 심지도 않고 거두지도 않고 창고에 모아들이지도 아니하되 너희 하늘 아버지께서 기르시나니 너희는 이것들보다 귀하지 아니하냐"(마태복음 6:26)

201

개소리에
대하여

누군가 자신이 진실을 안다고 생각하지 않는다면 그가 거짓말을 하는 것은 불가능하다. 그러나 개소리를 지어내는 데는 그러한 신념이 필요 없다. 따라서 거짓말을 하는 사람은 진리에 대해 반응한다. 그리고 그는 그만큼 진리를 존중하는 셈이다. 정직한 사람이 말할 때, 그는 오직 자신이 참이라고 믿는 바를 말한다. 거짓말쟁이는, 이에 상응하게 자신의 발언이 거짓이라고 여기는 것이 필수불가결하다. 그렇지만 개소리쟁이에게는 이 모든 것이 무효다. 그는 진리의 편도 아니고, 거짓의 편도 아니다. 정직한 사람의 눈과 거짓말쟁이의 눈은 '사실'을 향해 있지만, 개소리쟁이는 '사실'에 전혀 눈길을 주지 않는다. 자신이 하는 개소리를 들키지 않고 잘 헤쳐 나가는 데 있어 사실들이 그의 이익과 관계되지 않는 한, 그는 자신이 말하는 내용들이 현실을 올바르게 묘사하든 그렇지 않든 신경 쓰지 않는다. 그는 자기 목적에 맞도록 그 소재들을 선택하거나 가공해낼 뿐이다.

- 해리 G. 프랭크퍼트, 『개소리에 대하여』, 필로소픽, 58-59쪽

진실의 반대는 거짓이다. 그렇다면 개소리의 본질은 무엇일까. 개소리의 본질은 그것이 거짓이 아닌 가짜라는 데 있다. 아론은 이스라

엘 백성들의 겁박에 무서워 금송아지 상을 만들고, 그 신상을 가리켜 애굽에서 이스라엘을 인도해낸 여호와 하나님이라고 말했다. 아론은 한 마디로 개소리bullshit를 했다. 개소리는 '거짓'이 아닌, '가짜'라는 데 그 심각성이 있다. 의인과 죄인은 적어도 같은 게임 안에서 싸우지만 개소리하는 사람은 아예 그 자리에 없다. 하나님은 의인과 죄인을 부르신다. 의인과 죄인은 적어도 진리를 인정하는 사람이다. 엔도 슈사쿠遠藤周作가 자신의 소설 『침묵』에서 "성인聖人을 제외하면 죄인罪人이 사물의 본질"이라고 말한 이유도 그것이다. 거짓말을 지어내려면 거짓을 진리의 가면 아래에서 설계해야 한다. 거짓말을 하는 사람은 자신이 거짓말하고 있다는 것을 안다. 이와는 반대로 개소리쟁이는 무엇이 진리인지 관심이 없다. 그는 자기 목적에 맞게 소재들을 선택하고 가공하는 자다. 목적을 이루기 위해서라면 맥락까지도 위조할 준비가 되어 있다. 말이 통하는 사람과 싸울 때 이길 수도 있고 질 수도 있다. 말이 통하지 않는 사람과는 싸움 자체가 불가능하다. 탕자는 자신의 죄가 얼마나 큰지 알았고, 동시에 조건 없이 자신을 받아준 아버지의 사랑도 알았다. 하지만 큰아들은 의인도 죄인도 아니었다. 그는 아버지도 동생도 안중에 없다. 열심히 개소리를 냈다.

"아버지의 살림을 창녀들과 함께 삼켜 버린 이 아들이 돌아오매 이를 위하여 살진 송아지를 잡으셨나이다"(누가복음 15:30)

첫 번째
사람

예수가 돌에 맞아 죽는, 간음한 여인을 구해내는 것은 모방이 폭력의 방향으로 폭발하는 것을 막고 그 역의 방향, 즉 비폭력의 방향으로 돌리는 것이다. 첫 번째 사람이 그 간음한 여인에게 돌을 던지는 것을 단념하면 그 뒤를 이어서 다른 사람들도 그를 본받아서 돌 던지기를 단념하게 된다. 결국 예수가 인도한 그 사람들 모두는 돌 던지기를 단념하게 된다. 첫 번째 돌이 가진 상징성은 지금도 쉽게 받아들여지고 있다. 그것은 돌을 던져서 사람을 처형한다는 물리적인 행동은 없지만, 집단 행동의 모방적 성격은 2천 년 전과 똑같이 존재하기 때문이다.

- 르네 지라르, 『나는 사탄이 번개처럼 떨어지는 것을 본다』,
문학과지성사, 79쪽

예수님 앞에 간음하다가 잡혀 온 여자가 고개를 떨구고 있다. 이 때 예수님은 성난 군중들을 향하여 너희 중 죄 없다고 생각하는 한 사람이 저 여인에게 돌을 던지라고 했다. 예수님은 여인의 죄가 없다고 말한 것이 아니라, 죄가 없다고 생각한 사람이 먼저 나와서 돌을 던지라고 했다. 그런데 시간이 지나도 한 사람이 나오지 않았다. 당연했다. 애당초 죄 없다고 생각한 사람은 그 자리에 없었기 때문이다. 예수님은 군중을 상대하지 않고 단지 한 사람을 찾으셨다. 죄 없다고 생각하는 한 사람. 한 사람이 돌 던지기를 단념하면, 다른 사람들도 그 사람을 본받아 돌 던지는 것을 단념한다. 나쁜 폭력은 한 사람으로부터 시작된다. 고로 나쁜 폭력을 막는 방법은 첫 번째 사람을 단념하게 하면 된다. 반대로 좋은 모방도 한 사람으로부터 시작된다. 아무리 힘들고 어려워도 한 사람이 있으면 길이 열린다. 첫 번째 사람을 모방하는 것은 2천 년 전이나 지금이나 동일하다. 결국, 한 사람으로부터 폭력과 비폭력이 시작된다. 수천 명이 모인 군중들도 그 시작은 한 사람이다.

다윗이 아둘람 굴로 몸을 피하자, 환난당한 자, 빚진 자, 원통한 자들이 그곳으로 모여들었다. 이들 역시 한 사람을 보고 모여든 사람들이다. 대관절 그들은 다윗의 어떤 모습을 보았을까. 악을 악으로 갚지 않고, 선으로 악에 대항하는 모습이었을 것이다. 그렇게 한 사람 다윗을 모델로 사백 명의 사람들은 폭력의 악순환을 끊고 새로운 길을 걸어갔다.

"그들이 묻기를 마지 아니하는지라 이에 일어나 이르시되 너희 중에 죄 없는 자가 먼저 돌로 치라"(요한복음 8:7)

진짜를 만난
경험이 있으면

넷플릭스 드라마 〈오징어 게임〉을 보면 성기훈과 조상 우가 마지막에 부딪히게 됩니다. 기훈은 찌질하지만 마 음은 따뜻합니다. 타인 덕분에 마지막 라운드까지 왔다 고 생각하고, 승자는 패자 덕분에 존재한다는 것을 압니 다. 하지만 상우는 다릅니다. 자기가 여기까지 온 것은 살아남으려고 죽을힘을 다했기 때문이라고 말합니다. 상우를 바라보는 기훈의 눈빛은 기회를 놓쳐 본 사람만 이 느낄 수 있는 안타까움을 담고 있었습니다. … 기훈 이 살아남은 건 가장 강했기 때문이 아닙니다. 남을 배 려할 줄 알았기 때문입니다. 그 겁 많은 찌질이가 생사 의 갈림길에서 할아버지를 챙겼습니다. 사람은 상황에 빠지면 시야가 좁아져서 자기 생각에 갇히기 마련입니 다. 하지만 진짜를 만난 경험이 있으면 다릅니다.

- 이정일, 『나는 문학의 숲에서 하나님을 만난다』,
예책, 102-103쪽

동쪽으로 가려면 서쪽을 등져야 한다. 선택이란 다른 말로 하면 포기하는 것이다. 동시에 동쪽과 서쪽을 갈 수 없기 때문이다. 오늘 나의 선택이 미래를 결정한다. 지혜자는 성공과 실패에 대한 경험이 많은 사람이다. 그에게는 지혜의 알고리즘이 있다. 압살롬에게는 아히도벨과 후새라는 두 명의 책사가 있었다. 결과만 놓고 본다면 압살롬은 아히도벨의 말을 경청했어야 했다. 아히도벨을 따랐다면 다윗을 죽이고 이스라엘의 왕이 되었을 것이다. 누가 보아도 아히도벨의 전략이 합리적이고 치밀했지만 압살롬의 선택은 후새였다. 아히도벨과는 다르게 후새는 압살롬에게 오직 압살롬이 직접 통솔하는 거대한 군대삼하 17:11만이 다윗을 이길 수 있다고 말하면서 압살롬의 '허영심'죄을 자극했다. 허영심이 자극된 압살롬은 후새가 던진 '미끼'를 물었고, 결국 죽음으로 생을 마감하였다.

인생은 선택이다. 우리의 선택에 영향을 주는 것은 무엇인가. '진짜'를 만난 경험이 있는 사람은 허영심과 욕심 때문에 시야가 좁아지거나, 자기 생각에 갇히지 않을 것이다. 드라마 〈오징어 게임〉의 승자인 기훈은 찌질하지만, 마음이 따뜻한 사람이다. 기훈은 결정적인 순간에 강한 것, 즉 자신에게 이익이 되는 선택하지 않았다. 아이러니 하게도 〈오징어 게임〉의 승자는 강한 사람이 이긴 것이 아니라, 다른 사람을 배려할 줄 알았던 기훈에게 돌아갔다. 드라마 안에서의 '오징어 게임'은 시야가 좁아지면 지는 게임이다. 진짜를 경험한 사람은 상황이 나빠지거나 시야가 좁아질 때 자기 생각에 갇히지 않는다. 그리스도인의 삶이란 기독교라는 큰 이야기 안에 자신을 위치시키는 법을 배우는 여정이다. 큰 이야기 안에 자신을 위치시킬 줄 아는 사람이 마지막에 웃는 사람이 될 것이다.

"나는 아침에 해가 뜨는 것을 믿는 것처럼 기독교를 믿는다. 내가 그것을 볼 수 있기 때문이 아니라 그것 때문에 다른 모든 것을 볼 수 있기 때문이다." C. S. 루이스

"압살롬과 온 이스라엘 사람들이 이르되 아렉 사람 후새의 계략은 아히도벨의 계략보다 낫다 하니 이는 여호와께서 압살롬에게 화를 내리려 하사 아히도벨의 좋은 계략을 물리치라고 명령하셨음이더라"(사무엘하 17:14)

위험해야 안전하다

신앙의 역설

좋은 이야기의
비밀

톨스토이는 이 아이디어를 더욱 완벽하게 부연했다. '가
장 좋은 이야기는 나쁜 이야기와 좋은 이야기를 대립시
켜서는 나오지 않는다. 좋은 편과 좋은 편이 맞붙어야
좋은 이야기가 된다.'

  - 로널드 B. 토비아스, 『인간의 마음을 사로잡는 스무 가지
플롯』, 풀빛, 87쪽

톨스토이는 좋은 이야기와 그렇지 못한 이야기의 차이점을 명징
하게 말한다. 그의 소설이 사람들의 마음을 움직일 수 있었던 것은
그가 좋은 이야기의 비밀을 알고 있었기 때문이다. 톨스토이가 지적
한 대로 좋은 이야기와 나쁜 이야기의 대립으로는 그저 그런 이야기
밖에 되지 못한다. 이분법은 작품을 망치는 주범이다. 작품만 망치는
것이 아니라, 그런 종류의 이야기는 사람에게도 부정적인 영향을 미
치기 마련이다. 쉬운 해결책은 만들기 쉽다. 하지만 쉬운 해결책은
이야기도 망치고 인생도 망칠 수 있다. 성경은 이분법과 같은 이야기
에 자리를 내어 주지 않는다. 그렇다면 좋은 이야기의 비밀이 궁금하
다. 톨스토이는 좋은 편과 좋은 편을 맞붙일 때 좋은 이야기가 만들

어진다고 했다. 여기에서 좋은 편이란 같은 편을 두고 이야기하는 것은 아닐 것이다. 오히려 정반대의 방향을 바라보는 두 사람이 서로를 존중하고 친밀한 만남을 가질 때 두 사람에게는 어떤 일이 일어난다는 말이지 않을까. 설령 두 사람의 의견이 일치되지 않더라도, 서로를 증오하는 일만큼은 멈추게 될 것이다.

개인적으로 요나서를 읽으면서 가장 흥미로웠던 부분은 이방인 선장이 잠든 요나를 깨운 장면이었다. 이방인 선장은 잠든 요나를 흔들어 깨우면서 선지자 요나가 하나님께 받은 사명을 망각하지 않게 한다. 선지자 요나가 불신자에게 전도를 받고 있다. 요나는 니느웨로 가라는 명령을 받았지만, 오히려 정반대 방향으로 가는 배를 탔다. 여기까지는 요나의 승리였지만 요나가 미처 몰랐던 비밀이 하나 있었다. 하나님은 특별은총과 일반은총을 사용하시는 분이라는 것. 하나님은 필연과 우연을 통해 요나가 가고 싶은 곳이 아닌 하나님이 예비하신 곳으로 나아가게 했다.

반대의견을 가진 두 사람이 서로를 존중할 때 놀라운 일이 일어난다. 논리적인 이야기를 넘어 우연과 우발적인 만남을 수용할 때 인생이 풍요로워진다. 에스겔은 죄로 말미암아 심판받아 마땅한 유다 백성에게 심판의 메시지를 전하라는 사명을 받았다. 선지자는 유다 백성들이 말씀을 듣지 않을 것을 알았지만, 그럼에도 불구하고 말씀을 전했다. 성공과 실패를 넘어서는 길이 있다. 실패가 기다리는 곳으로 걸어간 자들이 닦아놓은 길이 있다. 예레미야, 에스겔을 읽을 때마다 좋은 이야기의 비밀을 경험하게 된다.

"그들은 심히 패역한 자라 그들이 듣든지 아니 듣든지 너는 내 말로 고할지어다"(에스겔 2:7)

위험해야
안전하다

> 좀 더 험하게 말하자면 편의점 수의 두 배에 달하는 6만
> 개가 넘는 놀이터를 바꾸지 않고는 아이들 삶이 제자리
> 에 놓일 수 없다. 지금처럼 도전할 것도 없고 상상도 빈
> 곤한 놀이터에서 10년을 보낸 아이들이 10년, 20년 뒤
> 에 어떤 상상을 할 수 있을지 아득하다.
>
> — 편해문, 『놀이터, 위험해야 안전하다』, 소나무, 8쪽

우리나라 놀이터가 위험하다. 안전하게 설계되었지만, 아이들의
흥미를 유발하지 못하기 때문이다. 놀이터가 지루하면 사고 날 확률
이 더 높다고 한다. 아이들은 작은 위험risk이 있을 때, 그것을 피하려
고 고도의 집중력을 발휘하면서, 자신의 몸을 돌보고 더욱 건강하게
성장한다고 한다. "놀이터, 위험해야 안전하다!" 역설이다. 리스크가
없는 안전은 위험하다.

요한계시록에서 말하는 신자의 삶은 리스크가 있는 삶이다. 라오
디게아 교회는 리스크 없는 삶을 추구하다가 미끄러지고 말았다.계
3:16 교회는 리스크를 안고 전투하는 교회여야 한다. 절대 권력은 부
패한다. 리스크를 제거해버린 권력은 언제나 자기 발에 걸려 넘어진

다. 메시아이신 예수님은 사자요 어린양이다.^{계5:5-6} 예수님의 승리는 십자가에서의 승리다. 십자가를 제거한 기독교는 짝퉁이다. 자기희생과 자기 비움을 통한 섬김이야말로 기독교의 본질이다.^{막10:45} 기독교의 복음에는 십자가리스크가 있다.

> "또 우리 형제들이 어린 양의 피와 자기들이 증언하는 말씀으로써 그를 이겼으니 그들은 죽기까지 자기들의 생명을 아끼지 아니하였도다"(요한계시록 12:11)

선으로
악을 이기다

> 화가는 항상 나를 자극하는 뭔가를 놓치지 말고 그려야
> 되는데, 그걸 '접변성'이라 그랬잖아요. 그런 '유기체적
> 접변성'을 제가 직접 당한 거예요. 속에서 부글부글 하
> 는데 빨리 이것을 곰삭혀서 작품으로 승화하기 위해서
> 얼른 집에 들어가서 잠을 잔 거예요…아침에 화실 방문
> 을 열고 들여다보니까 원숭이 한 마리가 호로병을 들고
> 세상을 비웃듯이 통쾌하게 웃어대는데 아주 내 마음속
> 이 다 후련하게 그림 속 원숭이가 웃어주는 거예요. 이
> 게 해학이에요.
>
> — 윤학, 『한국의 예술혼 높이 날다』, 흰물결, 206-207쪽

5만원 권 지폐에 나오는 신사임당을 그린 분은 일랑一浪 이종상
화백이다. 이종상 화백이 고등학교 미술 교사로 재직하다가 서울대
학교 교수로 임용되었을 때 일이다. 평소 친하게 지내던 단골 표구
사 사장으로부터 이상한 이야기를 듣게 되었다. 자신이 고등학교에
서 못된 짓을 해서 쫓겨났고, 부득이 대학으로 자리를 옮기게 되었다
는 말이었다. 누군가 시기하여 퍼뜨린 거짓말이었지만 듣고 보니 속
이 상했다. 홧김에 표구점 사장과 술을 잔뜩 마시고 집에 돌아와 잠

이 들었다. 아침에 일어나 보니 화실에 그림이 한 장 놓여 있었다. 화가인 아내도 자기가 그린 그림이 아니라고 해서, 정신을 가다듬고 자신의 손을 보니 먹물이 잔뜩 묻어 있었다. 붓이 아닌 담배 필터로 먹을 찍어 급하게 그린 그림이었다. 무의식 상태에서 억울하고 속상했던 마음을 오히려 창조적인 에너지로 승화시켰다. 그림 속 원숭이는 술병을 들고 보란 듯이 호탕하게 웃고 있다. 〈몽유취원도〉夢遊醉猿圖였다. 이보다 멋진 복수도 없다. 악에게 지지 않고, 선으로 악을 이겼다. 그렇게 〈몽유취원도〉는 이종상 화백의 자화상이 되었다.

"악에게 지지 말고 선으로 악을 이기라"(로마서 12:21)

○ 몽유취원도

꿈에 노니는 술 취한 원숭이 그림. 38×28cm, 후지에 수묵담채, 1978. 필터화로 거칠어 보이지만 한국인의 문화를 은유와 풍자로 섬세하게 표현해 한국화의 전통성을 보여준다는 평가를 받는 작품.

밝고 어두운 곳을
비추다

> 아이가 태어났을 때 나는 당황과 혼란 속에서 출생신고
> 서와 사망신고서를 함께 준비하며 직관적으로 그 아이
> 의 이름을 히카리(빛)라고 지었다. 나의 직관은 옳았다.
> 그 아이의 존재는 내 의식의 밝은 면뿐만 아니라 어둡고
> 깊은 곳까지 구석구석 밝혀주었으니 말이다.
>
> — 린즐리 캐머런,『빛의 음악』, 이제이북스, 12쪽

오에 겐자부로에게는 장애가 있는 아들이 있다. 첫아이가 태어났
다는 설렘과 기쁨도 잠시, 아이는 뇌가 밖으로 돌출된 상태로 태어
났다. 즉시 수술을 받지 않으면 사망하거나, 수술하더라도 평생 장애
를 가지고 살아야 한다는 진단을 받았다. 출생신고서와 사망신고서
를 동시에 준비할 만큼 긴박했다. 다행히 수술은 잘 되었지만, 그에
따른 결과는 엄청났다. 발달장애, 지적장애, 간질, 시각장애를 가진
아이의 이름을 빛이라는 의미인 히카리ひかり 라고 지었다. 히카리빛
는 이름의 의미 그대로 오에 겐자부로에게 문학적 영감을 주었을 뿐
아니라, 그의 존재 구석구석에 빛을 비춰주었다. 오에 겐자부로가 아
들 히카리에게 영감을 받아 쓴 소설이『개인적인 체험』이다. 이 소설

로 오에 겐자부로는 1994년 노벨 문학상을 받았다. 또 어려서 새소리 듣는 것을 좋아하던 히카리는 점차 인간이 만든 음악에도 관심을 가졌다. 베토벤, 쇼팽 음악을 즐기던 히카리는 음악적 재능이 발현되었고, 작곡 공부와 음반 제작까지 이어졌다. 히카리가 작곡한 음악은 일본을 넘어 전 세계에 히카리를 알리는 계기가 되었다. 오에 겐자부로는 자신의 책보다 더 많은 음반 판매를 올린 히카리를 바라보면서 비로소 무거운 짐을 내려놓았다. 히카리는 자신이 예술가로서 사랑받는 사람이라는 것을 알고 있지만, 여전히 음반 판매의 경제적 가치는 모른다.

"참 빛 곧 세상에 와서 각 사람에게 비추는 빛이 있었나니"(요한복음 1:9)

후지게 쓰는 것이
두려웠다

내 소설이 처음으로 출간된 1969년 이후 나의 나날은
그렇게 흘러갔다. 글쓰기가 막히는 일도 없었고 흐름이
방해받은 적도 없었다. 하지만 이제 2015년이고 내 기
력도 점점 쇠약해져갔다…나는 글을 아예 쓰지 않는 것
보다도 후지게 쓰는 것이 두려웠다.

- 테오도르 칼리파티데스, 『다시 쓸 수 있을까』,
어크로스, 14-15쪽

작가 테오도르Theodor Kallifatides는 77세의 나이에 글을 잃어버렸
다. 작가의 발목을 잡은 것은 식어버린 열정과 자신의 명성에 금이
가는 것에 대한 두려움이었다. 실패만큼 두려운 것이 성공이다. 성공
한 작가가 넘어서야 할 땅은 척박한 땅이 아닌 비옥하고 기름진 땅
이다. 후지게 쓰는 것이 두려운 나머지 작가는 아무것도 쓸 수 없었
다. 하지만 작가는 포기하지 않았다. 마른 수건을 짜내듯 수없이 많
은 시도를 해보았지만, 여전히 글은 한 문장도 쓸 수 없었다. 그렇게
작가는 안 되는 이야기를 솔직하고 담담하게 이야기한다. 그리하여
마침내 작가가 도착한 곳은 한 번도 가보지 않은 땅이었다. 이 책의

저자에게 기립 박수를 보낸다. 마른 수건을 짜내듯 포기하지 않는 모습에서 헤밍웨이Ernest Miller Hemingway의 소설 『노인과 바다』속 산티아고 영감이 생각난다. 『다시 쓸 수 있을까』에는 지난날 노작가에게 명성을 주었던 웅장한 서사와 멋진 문장은 없지만, 다시 태어난 작가의 새로운 이야기로 가득 차 있다. 테오도르는 아예 쓰지 않는 것보다는 후지게라도 쓰는 게 낫다고 말한다. 성공의 적은 성공이라는 말이 있다. 후지게 쓰는 것이 두려운 사람이 그것을 돌파하는 방법은 마른 수건을 짜내듯, 수없이 많은 시도를 하는 것밖에 없다.

요셉 지파에 할당된 땅은 비좁고 불편한 땅이었다. 불평하는 요셉 지파에게 여호수아는 할당된 영토에 포함되지 않은 야산을 개척할 뿐 아니라, 정복이 불가능하다고 여겨졌던 원주민들의 성읍을 정복하라고 권면한다.수 17:14-18 "삼림이라도 개척하여 거기에 거주하라."수 7:18 즉 쓸모없다고 생각하는 곳에서 희망을 발견해보라는 것이다. 성공의 가능성만 바라볼 때, 하나님이 예비하신 축복을 놓칠 수 있다.

"그 산지도 네 것이 되리니 비록 삼림이라도 네가 개척하라 그 끝까지 네 것이 되리라 가나안 족속이 비록 철 병거를 가졌고 강할지라도 네가 능히 그를 쫓아내리라"(여호수아 17:18)

두 마리 토끼를 잡는
기독교

> "오로지 기독교 신앙만이 인간을 행복한 동시에 사랑스럽게 만든다." 술 취한 사람은 행복하지만 그 행복은 금방 바닥을 드러낸다. 만취한 사람이 주변의 눈총을 피하기란 쉽지 않다. 자신의 행복에 갇혀있는 사람은 사랑스럽지 않다. 자기 행복에 함몰된 사람의 얼굴은 탐욕스럽다. 얼굴이란 얼생각이 밖으로 드러나 형성되는 꼴꼴이기 때문이다. 기독교 신앙은 행복과 사랑스러움이라는 두 마리 토끼를 잡는다.
>
> — 블레즈 파스칼, 『팡세』, 두란노, 262쪽

기독교는 행복과 사랑스러움이라는 두 마리 토끼를 잡는다. 행복해 보이지만 사랑스럽지 않은 사람이 있고, 행복해 보이면서 동시에 사랑스러운 사람이 있다. 부자는 많지만, 잘 사는 사람은 적다. 돈은 부족하지만, 행복해 보이는 사람이 있다. "아이고! 에브라임의 술 취한 자들의 긍지, 즉 그 면류관에 재앙이 있을 것이다. 술독에 빠진 자들의 자랑, 즉 그 교만의 성에 재앙이 있을 것이다. 기름진 골짜기 꼭대기에 찬란한 아름다움을 뽐내며 자리잡고 있는 성, 그러나 쇠잔해가는 꽃 같으니 그 성에 재앙이 있을 것이다"이사야 28:1. 류호준, 『이사야 1』 북이스라엘의 수도 사마리아는 향락의 메카였다. 그들이 쌓은 재물은 그들을 거만하게 했으며, 기름진 골짜기는 그들의 눈을 가리고 말았다. 이스라엘은 행복에 취해 있지만, 그러나 그 모습이 사랑스럽지 않다. 오늘 우리 사회는 자기 감정, 자기 선택, 자기 주체성 등 온통 '자기'로 가득 찬 기름진 골짜기다. 탈출이 필요하다. 다른 길, 즉 발상의 전환이 필요하다. 철학자 김상봉은 '자기 주체성'의 한계를 넘어 '서로 주체성'을 역설한다. 자기계발을 넘어 서로계발을 하자고 말한다. 자세히 보면 우리의 일상은 보여 주기showing와 보기seeing로 구성되어 있다. 보여주기가 소비하는 행위라면, 보는 것은 저축하는 행위다. 다른 이들에게 보여주면 줄수록 우리는 점점 더 가난해진다. 마침내 더 보여줄 것이 없을 때, 깊은 나락으로 추락할 것이다. 반면에 보는 것은 축적하는 행위다. 성숙한 사람은 보여주는 것보다, 보는 것을 더 좋아한다. 풀꽃 하나도, 오래 보고 자세히 볼 줄 아는 사람이라면 자기계발의 한계를 보고, 서로계발의 아름다움을 볼 것이다. 작은 것에 감동할 줄 아는 사람은, 옆 사람을 흐뭇하게 바라본다. 너도 그렇다는 듯, 연신 미소를 짓는다.

"그러나 내가 너희에게 말하노니 솔로몬의 모든 영광으로도 입은 것이 이 꽃 하나만 같지 못하였느니라"마태복음 6:29)

죽음을
소외시키지 않는다는 것

"이반 일리치가 사망했다는군요."

─ 톨스토이, 『이반 일리치의 죽음』, 창비, 8쪽

소설 속 이반 일리치는 마흔다섯의 나이로 생을 마감한다. 부고 소식을 접한 동료 판사들이 가장 먼저 생각했던 것은 이반 일리치의 죽음이 아닌, 그의 죽음으로 인해 발생할 자리 이동이나 승진에 대한 것이었다. 뾰뜨르 이바노비치는 일리치의 죽음이 자신에게 가지고 올 두 가지 변화를 떠올렸다. 그는 이제 개인 집무실은 물론이고, 연봉도 800루블 이상 오르겠다고 생각했다. 그러나 막상 죽은 일리치의 얼굴을 사람들이 보았을 때, 그의 얼굴은 살아 있을 때 보다 더 의미심장해 보였다. 그의 얼굴표정은 마치 산 자에 대한 원망, 경고 같은 것을 담고 있었다. 그러한 경고를 이바노비치는 적절치 않다고 여겼다. 그는 급하게 성호를 긋고, 도망치듯 방에서 빠져 나왔다. 왜 이바노비치는 죽은 사람을 보고 급하게 성호를 긋고 방을 나왔을까. 자신이 그의 죽음과는 무관하다고 생각했지만, 막상 죽은 자의 얼굴에서 타자의 죽음이 아닌, 자신의 죽음을 보았기 때문이다. 죽은 이반 일리치는 마음속으로 되뇌인다. "끝난 건 죽음이야. 이제 더 이상 죽음은 존재하지 않아." 예수가 십자가에서 모든 고통을 해결하고 다 이루었다고 말하는 상태, 죽음을 소외시키지 않고, 죽음을 겸허하게 맞이한 자에게 임하는 평화와 부활이다.

사라가 죽었다. 아브라함은 아내를 죽음 앞에 슬피 울고 애통해한다.창23:1 하지만 아브라함은 사라의 시신 앞에서 울고만 있을 수 없었다. 사라를 매장할 매장지가 없었기 때문이다. 아브라함은 나가서 헷 족속에게 매장지를 쓸 땅을 요청했다. 헷족속 에브론은 아브라함을 위로하는 것처럼 하더니, 아주 비싼 값에 땅을 팔았다. 그가 만약 죽은 사라의 얼굴을 보았다면, 이반 일리치의 시신을 보고 사람들이 그랬듯이, 그 역시도 서둘러서 성호를 긋고 도망치듯 나왔을 것이다. 틀림없다.

"사라가 백이십칠 세를 살았으니 이것이 사라가 누린 햇수라"(창세기 23:1)

행복한
사람

> 그 때 시지프(시지포스)는 돌이 순식간에 저 아래 세계로 굴러 떨어지는 것을 바라본다. 그 아래로부터 정점을 향해 이제 다시 돌을 끌어 올려야만 하는 것이다. 그는 또다시 들판으로 내려간다.
>
> - 카뮈, 『시지프 신화』, 책세상, 411쪽

부정과 부패는 법의 심판을 받는다. 하지만 인생의 부조리不條理는 어디로 가지고 가야 할까. 이삭은 농사를 지어 백배나 얻었고, 여호와께서 함께해 주심으로 거부가 되었다. 그러나 이삭의 형통을 시기했던 블레셋 사람들은 이삭의 우물을 흙으로 메워버렸다. 이삭은 다른 곳으로 이동하여 우물을 팠지만, 이번에는 그랄 목자들이 시비를 걸었다. 이번에도 이삭은 주저앉지 않고 또 다른 우물을 팠다. 이런 이삭의 모습에서 카뮈Albert Camus의 『시지프 신화』가 오버랩 된다.

시지포스는 신의 명령을 어긴 죄의 대가로 바위를 산꼭대기까지 끌어올리는 형벌을 받는다. 산꼭대기에 도착하자마자 다시 산 아래로 떨어지는 바위를 바라보면서 시지포스는 얼마나 절망스러웠을까. 하지만 카뮈는 굴러떨어지는 바위를 향해 산 아래로 내려가는 시지포스의 모습에서 절망과는 다른 것을 본다. 그것은 자신의 고통과 불행을 의식하는 자의 위대함이다. 시지포스는 자신의 운명보다 우월하다. 그의 힘은 결과에 대한 희망에서 나오지 않기 때문이다. 인생의 부조리를 기꺼이 받아들인 사람은 부질없는 희망을 거부하지만, 이 거부와 반항을 통해서 자신이 처해있는 부조리한 상황을 이겨내고, 자신만의 행복에 도달한다. 자신만의 행복에 도달한 사람은 행복하다. 그런점에서 이삭은 행복한 사람이다. 이삭의 행복은 부조리를 끌어안되, 부질없는 희망을 거부하고 반항하는 자의 행복이다. 이런 사람을 세상은 결코 이길 수 없다.

"이삭이 거기서 옮겨 다른 우물을 팠더니 그들이 다투지 아니하였으므로 그 이름을 르호봇이라 하여 이르되 이제는 여호와께서 우리를 위하여 넓게 하셨으니 이 땅에서 우리가 번성하리로다 하였더라"(창세기 26:22)

신데렐라의
깨진 구두

그 작품은 사각의 나무 틀 위에 산산조각 난 유리조각을 쌓아올린 것이 전부였다. 그때 그 작품에 붙어있는 제목이 눈에 들어왔다. 〈신데렐라의 깨어진 구두〉. 그 제목을 본 순간, 그는 망치로 머리를 한 대 맞은 느낌이었다.

– 강원택, 『사회과학 글쓰기』, 서울대학출판문화원, 28쪽

신데렐라의 구두는 유리로 만든 구두다. 유리 구두의 특성상 신데렐라의 발은 그대로 드러날 수밖에 없다. 고된 노동에 힘들었던 신데렐라의 발이 그대로 노출된다. 신데렐라가 흘리고 간 유리 구두는 주인을 찾는 데 소중한 안내자 구실을 한다. 누가 신데렐라인지 구두를 신어보면 금방 알 수 있다. 신데렐라가 신은 구두는 왜 하필 유리로 만들었을까. 신데렐라 이야기가 단순히 신분 상승과 인생 역전만을 말하기에는 유리 구두의 투명함과 반짝이는 빛이 우리의 눈을 따갑게 한다. 왕자는 신데렐라가 남기고 간 유리 구두의 주인을 찾기 위해 노력한다. 유리 구두를 신었던 신데렐라를 가까이에서 본 왕자는 아름다운 발이 아닌, 못생기고 상처 난 발을 생각하며 신발 주인을 찾았을 것이다. 우리의 선입견 속에 있는 신데렐라 이야기를 깨뜨릴

때, 진짜 신데렐라를 만날 수 있다.

야곱도 마찬가지다. 가만히 들어보면 야곱의 내러티브에서 쨍그랑 유리 구두가 부서지는 소리가 들리지 않는가? 라헬과의 결혼을 위해 7년 동안 열심히 일했던 야곱의 행복은 산산조각이 나고 말았다. 첫날밤을 보낸 야곱은 자신이 라헬의 언니 레아와 결혼했다는 것을 알았다. 길길이 날뛰는 야곱과는 반대로 외삼촌 라반과 레아의 얼굴에는 행복한 미소가 엿보인다. 죽을 노릇이다. 야곱은 라반을 이길 수가 없다. 동생이 언니보다 먼저 결혼할 수 없다는 라반의 전략에 야곱의 유리 구두는 산산이 부서졌다.^{창 29:26} 야곱의 유리 구두는 깨지고, 대신 하나님의 내러티브가 야곱을 낚았다.

"야곱이 아침에 보니 레아라 라반에게 이르되 외삼촌이 어찌하여 내게 이같이 행하셨나이까 내가 라헬을 위하여 외삼촌을 섬기지 아니하였나이까 외삼촌이 나를 속이심은 어찌됨이니이까"(창세기 29:25)

그 길은
내리막이야

> 선함의 수준은 일정하게 유지할 수 있지만, 악함의 수준
> 을 일정하게 유지할 수 있는 사람은 없다네. 그 길은 계
> 속 내리막이야. 친절한 사람도 술을 마시면 잔인해지고,
> 친절한 사람도 살인을 하면 거짓말을 하게 되네. 내가
> 아는 많은 사람이 자네처럼 정직한 범법자로, 부자의 돈
> 을 훔치는 의적으로 시작했다가 결국 진흙탕에 뒹구는
> 신세가 되고 말았네.
>
> – 길버트 키스 체스터튼, 『브라운 신부의 순진』, 열린책들, 111쪽

혼돈이 질서를 분열이 일치를 다툼이 평화를 이길 수 없다. 악이
번성하는 것처럼 보이지만, 결국에는 질서, 일치, 평화로 복귀한다.
하늘 높이 던진 공도 그 힘이 다하면 땅으로 떨어진다. 자연 재해도
마찬가지다. 혼돈이 질서를 영원히 삼키지는 못한다.시5:10 "마지막
속에 시작이 있다"는 엘리엇의 시구처럼 종말론적 승리와 회복을 바
라보면서 오늘을 살아가자. 오늘을 그날처럼 살아가는 신자에게 무
기가 있다. 복음은 그리스도인의 무기다. 그리스도인의 세계관, 정체
성, 비전이 그리스도인이 사용하는 무기인 것이다. 하지만 복잡하고

긴 설명 대신, 명쾌한 한 문장으로 표현할 수는 없을까. 체스터튼은 언제나 명징하고 유쾌하게 그 일을 한다. "선함의 수준은 일정하게 유지할 수 있지만, 악함의 수준은 그 길이 계속해서 내리막이야." 보석을 훔쳐 달아나려던 도둑에게 브라운 신부가 던진 말이다. 이 짧은 한마디에 범인은 마음을 돌이켰고, 보석은 원래 주인에게로 돌아갔다. 선의 승리다. 지금 당장 내 욕망에 충실하게 살고, 나중에 불행할 것인가. 아니면 선함을 유지하며 살다가, 마지막 날 주님을 당당하게 만날 것인가. 악은 처음부터 내리막이다. 악이 오르막처럼 보이는 것은 착시현상일 뿐이다. 살다보면 이것인가 저것인가 헷갈릴 때가 있고, 알면서도 유혹을 뿌리치기 힘들 때도 있다. 그럴 때를 대비해서 브라운 신부가 범인에게 했던 말을 미리 암기해두면 어떨까. 짧지만 아주 강력한 문장이다.

"선함의 수준은 일정하게 유지할 수 있지만, 악함의 수준은 그 길이 계속해서 내리막이야."

"네가 본 바 이 열 뿔과 짐승은 음녀를 미워하여 망하게 하고 벌거벗게 하고 그의 살을 먹고 불로 아주 사르리라"(요한계시록 17:16)

둥근 아치와 같은
영혼

강제 수용소를 직접 체험하지 않은 여러분 가운데 수많은 분이 의아해하면서 이렇게 물으실 겁니다. 제가 말씀드린 이 모든 것을 한 인간이 어떻게 감당할 수 있느냐고 말입니다. 안심하십시오. 이 모든 것을 다 겪고 살아남은 사람이 여러분보다 훨씬 더 많이 놀라니까요! 하지만 이 한 가지를 잊어서는 안 됩니다. 인간의 영혼은 어떤 면에서는 둥근 아치와 같습니다. 곧 무너져 내릴 것만 같은 아치는 외부의 짐을 떠받치고 있습니다. 이와 마찬가지로 인간의 영혼도 어느 정도 한도 내에서 '짐'을 체험하며 오히려 견고해지는 듯 보입니다.

－빅터 프랭클, 『그럼에도 삶에 '예'라고 답할 때』,
청아, 105-106쪽

빅터 프랭클Viktor Frankl은 아우슈비츠 수용소에서 생존한 인물로서 의미치료라는 치료법으로 많은 사람에게 희망을 선사했다. 그는 최악의 순간에도 의미를 발견할 수 있다고 말한다. 빅터 프랭클이 의미요법이라는 이 비밀을 발견한 순간은 그가 수용소에 입소한 첫날 자신의 소중한 원고를 빼앗겼을 때였다. 그 원고는 책으로 출판하려던 소중한 원고였기에 상실감은 대단히 컸다. 하지만 원고를 빼앗긴 빅터 프랭클은 그때부터 원고를 쓰고 싶은 강렬한 욕망이 일어났다. 의미요법이라는 놀라운 지혜를 발견한 순간이었다. 프랭클에게 닥친 불행이 오히려 그를 살려낸 원동력이 된 셈이었다. 무너지기 쉬운 아치는 돌을 더 올려놓아야 더욱더 안전하고 튼튼해진다. 아치가 무너지지 않으려면, 좀 더 무거운 돌을 올려놓아야 한다.

역대기는 페르시아 통치 기간에 펴낸 이스라엘의 역사서다. 역대기는 말한다. 이스라엘의 '패망'과 '포로기'야말로 아치 위에 올려놓은 무거운 돌과 같았다고 말이다. 돌의 하중을 겪으면서 이스라엘은 더욱더 강건해졌고, 세상과 하나님을 향한 시선도 깊고 풍성해졌다.

"저희를 조금 구원하여…나를 섬기는 것과 세상 나라를 섬기는 것이 어떠한지 '알게' 되리라"(역대하 12:7-8)

○　아우슈비츠 수용소

1940년 나치 친위대 총사령관인 하인리히 히믈러가 주도해 폴란드 남부 비엘스코州 아우슈비츠에 세워진 강제 수용소. 1941년 히틀러의 명령으로 유대인 대량 학살이 벌어졌는데, 유대인을 비롯한 약 400만 명이 이곳에서 목숨을 잃었다.

봄을 기다리는
나목

S회관 화랑은 3층이었다. 숨차게 계단을 오르자마자 화
랑 입구였고 나는 미처 화랑을 들어서기도 전에 입구를
통해 한 그루의 커다란 나목裸木을 보았다. 나무 옆을 두
여인이, 아이를 업은 한 여인은 서성대고 짐을 인 한 여
인은 총총히 지나가고 있었다. 내가 지난날, 어두운 단칸
방에서 본 한발 속의 고목枯木, 그러나 지금의 나에겐 웬
일인지 그게 고목이 아니라 나목이었다. 그것은 비슷하
면서도 아주 달랐다. 김장철 소스리 바람에 떠는 나목,
이제 막 마지막 낙엽을 끝낸 김장철 나목이기에 봄은 아
직 멀건만 그의 수심엔 봄에의 향기가 애닯도록 절실하
다. 그러나 보채지 않고 늠름하게, 여러 가지들이 빈틈없
이 완전한 조화를 이룬 채 서 있는 나목 그 옆을 지나는
춥디추운 김장철 여인들, 여인들의 눈앞엔 겨울이 있고,
나목에겐 아직 멀지만 봄에의 믿음이 있다.

– 박완서, 『나목』, 세계사, 376쪽

박완서 작가는 6.25 동란 중 미군 PX에서 미군들의 초상화를 그
려주던 '초상부'에서 근무했다. 남들이 부러워하는 어엿한 직장이었
다. 짧은 영어로 미군들을 환심을 사서 일감을 따오면 그곳에 있는

화가들은 스카프에 초상화를 그렸다. 박완서는 그곳에서 미군의 초상화를 그려주던 박수근을 만난다. 그렇게 박완서의 첫 소설『나목』은 미군 PX에서 만난 화가 박수근을 모델로 삼는다. 소설의 모티브가 된 박수근의 그림은 '나무와 여인'3호이었다. 전쟁 통에 두 오빠를 잃고 슬픔을 안고 살아가던 주인공 이경의 눈에 옥희도의 그림은 '고목', 즉 말라 죽어 아무 열매도 맺을 수 없는 절망의 상징처럼 보였다. 마음에 꽃이 있는 사람이 꽃을 보듯이 이경의 마음속에 있는 상처와 슬픔이 옥희도의 그림에 그대로 투사 되었다. 이경과 옥희도의 인연은 전쟁이 끝나면서 자연스럽게 멀어졌다. 시간은 강물처럼 흘러갔다. 그 사이 옥희도는 세상을 떠났고, 이경은 단란한 가정을 꾸려 두 아이의 엄마가 되었다. 이제 과거의 상처를 바라보는 이경의 시선도 달라졌다. 전시회에서 다시 만난 옥희도의 그림은 옛날 그대로였지만, 그림을 바라보는 이경의 시선이 변하니, 그림이 새롭게 다가왔다. 잎도 없고 열매도 없어 마치 죽은 고목처럼 보였던 나무가 아름다운 봄을 품고 있는 나목으로 거듭났다.

구약 역대기의 마지막 피날레는 열왕기와는 다른 덧글^{대하36:22,23}이 덧붙여 있다. 이스라엘의 멸망 이후 많은 시간이 지났고, 역대기 공동체는 이스라엘의 역사를 열왕기와는 다른 관점에서 바라보게 되었다. 그랬더니 죽은 '고목'^{枯木}인 줄 알았던 이스라엘의 역사가, 봄을 기다리는 '나목'^{裸木}이라는 사실을 알게 되었다. 확정된 해석은 없다. 그 이야기가 '어떤 이야기인가'가 보다는 어떤 이야기로 '해석되느냐'가 더 중요하다. 책 한 권만 읽은 사람이 무섭듯이, 다양한 형태로 드러나는 삶의 의미를 하나의 중심으로 해석하는 것은 대단히 폭력적이다. 권정생의 대표작인『강아지 똥』은 삶의 다양한 의미를 하나의 중심으로 환원하는 이야기에 저항하면서 더러운 개똥도, 해석을 달리하면 전혀 다른 의미가 산종散種 된다는 것을 감동적으로 그린 동화다. 함석헌 선생은 성경을 애 낳는 이야기라고 했다. "성경은 애 낳는 이야기야. 할머니가 애를 낳고, 처녀가 애를 낳는 이야기라고." 이처럼 성경은 처음부터 불가능의 자리에서 새로운 의미를 추구한다. 불가능의 자리는 새로운 의미를 낳는 자궁이다.『역대기』, 『강아지 똥』, 『나목』은 한결 같이 하나의 중심을 해체하고 다양한 의미를 낳는 이야기, 즉 애 낳는 이야기다.

"바사 왕 고레스가 이같이 말하노니 하늘의 신 여호와께서 세상 만국을 내게 주셨고 나에게 명령하여 유다 예루살렘에 성전을 건축하라 하셨나니 너희 중에 그의 백성된 자는 다 올라갈지어다 너희 하나님 여호와께서 함께 하시기를 원하노라 하였더라"(역대하 36:23)

그들은
내 인생을 바꿨다

플로이안 헨켈 폰 도너스마르크 감독의 영화 〈타인의 삶〉(2007)은 한 남자가 타인의 삶을 통해 자신의 정체성을 되찾고 내면적으로 변화하는 과정을 섬세하게 보여 준다. 동독의 비밀경찰 비즐러는 상부의 지시를 받아 유명 극작가인 드라이만의 집에 감청 장치를 설치하고 그의 일거수일투족을 감시한다. 비즐러는 드라이만과 그의 연인 크리스타가 주고받는 일상적 대화, 거실에 울려 퍼지는 음악소리, 심지어 두 사람이 침실에서 나누는 소리까지 모두 엿듣는다. 이렇게 5년간 타인의 삶을 감찰하는 동안 그는 점차 자신의 일에 회의를 느끼게 된다. 드라이만과 크리스타를 지켜보면서 자신의 삶이 얼마나 외롭고 공허한 것인지 깨닫게 되었기 때문이다. 그래서 언제부터인가 그는 드라이만에게 불리한 감청 내용을 보고하지 않고 두 사람을 보이지 않게 돕는다. 인간적 감정이 차츰 되살아나자, 무표정했던 그의 얼굴에도 표정이 조금씩 생겨난다.

- 나희덕, 『예술의 주름들』, 마음산책, 242-243쪽

영화 〈타인의 삶〉에 등장하는 동독의 비밀경찰 비즐러는, 드라이만과 크리스타의 삶을 도청하던 중, 자신의 존재를 새롭게 인식하게

된다. 그는 상부의 지시를 무시하고 두 사람을 보이지 않게 돕는다. 그는 더 이상 상부의 지시대로 따르는 기계가 아닌, 신념으로 행동하는 자유인이 되었다. 나중에 그 사실이 발각된 비즐러는 한직으로 좌천되지만, 결코 후회하지 않았다. 비즐러는 드라이만과 크리스타의 삶을 도청했지만, 그들의 삶을 엿듣다가 자신의 존재를 새롭게 각성하게 되었다. 비즐러는 그들의 삶을 훔쳤고, 드라이만과 크리스티나는 비즐러의 삶을 온전하게 만들었다. "난 그들의 삶을 훔쳤고, 그들은 내 인생을 바꿨다."

구약 이스라엘 백성들에게는 7년 마다 찾아오는 안식년 제도가 있었다. 경제적인 곤경으로 종이 된 사람은 6년 뒤에는 자유의 몸이 되었다. 그런데 6년째 되는 해, 자유 대신 종이 되기로 선택한 사람이 있었다.출21:5 충격이다. 그는 어떤 마음으로 종이 되기로 했을까. 그는 주인의 삶에서 무엇을 보았을까. 인간에게 진정한 자유란 무엇인가. 그리스도인의 자유는 절대적인 자유가 아니다. 하나님의 사랑이 우리를 구속終한다. 일명 자유케 하는 멍에다.마11:30

"나는 마음이 온유하고 겸손하니 나의 멍에를 메고 내게 배우라 그리하면 너희 마음이 쉼을 얻으리니, 이는 내 멍에는 쉽고 내 짐은 가벼움이라 하시니라"(마태복음 11:29-30)

당신은
우리를 도울 수 없지만

> 당신은 우리를 도울 수 없다는 것, 그리고 우리가 스스
> 로를 돕기 위해 당신을 도와야만 한다는 것입니다. 그것
> 이 지금 우리가 해낼 수 있는 모든 것이고, 또 정말 중요
> 한 것입니다. 신이여, 우리 안에 있는 당신의 작은 조각
> 을 보호해야 합니다. …아, 당신이 우리의 환경과 생명
> 에 대해 할 수 있는 것은 별로 없는 것 같습니다. 나는 당
> 신에게 책임을 묻지도 않습니다. 당신은 우리를 도울 수
> 없지만, 우리가 당신을 도와야 하며, 우리 속에 당신이
> 계시는 곳을 끝까지 지켜야만 합니다. 그런데 마지막 단
> 계에 이른 지금도 소중한 신인 당신을 보호하기보다 진
> 공청소기와 은 포크와 은수저를 간수하려는 사람이 있
> 는 것이 사실입니다. 또 자기 몸을 간수하려는 사람들이
> 있습니다. 하지만 그들은 수많은 두려움과 비통한 심정
> 의 피난처에 불과합니다. 그들은 "적들의 손아귀에 붙잡
> 히지 않겠다."고 말합니다. 하지만 그들은 우리가 당신
> 의 품 안에 있으면 누구에게도 붙잡히지 않는다는 것을
> 잊고 있습니다.
>
> – 패트릭 우드하우스, 『에티 힐레숨』, 한국기독교연구소, 90쪽

에티 힐레숨Etty Hillesum이 사랑한 성경은 시편과 마태복음이었다.

우여곡절 끝에 신을 발견한, 아니 신에게 발견된, 그녀의 신앙이 가장 빛을 발한 순간은, 신이 자신을 도와주지 못할 때였다. 그녀는 신이 우리를 도와주지 못할 때, 우리가 신을 도와야 한다고 말한다. 신에 대한 믿음을 잃게 되면, 하늘의 구름도, 더위를 식혀주는 바람도, 친구와 산책하는 일상을 잃게 된다. 그리하여 모든 것을 잃게 된다고 그녀는 말한다. 그녀는 화장실 바닥에 무릎을 꿇고 기도했고, 위태로운 사람들을 만날 때마다, 신이 준 선물일상의 감각으로 그들을 위로했다. 아우슈비츠 수용소로 떠나는 기차에서 그녀는 친구에게 엽서를 쓴 뒤 창밖으로 던졌다. 엽서에는 그녀의 마지막 모습이 담겨 있었다. 에티 힐레숨은 노래를 불렀다. 자신을 지켜주지 못한 신과 함께 그녀는 노래를 불렀다.

"우리는 우리 자신이 사형 선고를 받은 줄 알았으니 이는 우리로 자기를 의지하지 말고 오직 죽은 자를 다시 살리시는 하나님만 의지하게 하심이라. 그가 이같이 큰 사망에서 우리를 건지셨고 또 건지실 것이며 이 후에도 건지시기를 그에게 바라노라"(고린도후서 1:9-10)

은유로서의
질병

『은유로서의 질병』은 두 번이나 암을 극복했던 수전 손택의 글이다. 하지만 그의 투병기는 아니다. 손택의 『은유로서의 질병』은 극히 논쟁적인 전략을 활용해 돈키호테 마냥 지금의 세계, 이 신체에 가해진 해석에 반대하는 것을 목적으로 삼는 책이다. 즉, 질병을 앓고 있다는 사실을 뭔가 추한 것으로 변모시키는 은유의 함정을 폭로함으로써 질병은 질병일 뿐이며, 질병은 치료해야 할 그 무엇일 뿐이라는 사실을 우리가 직시할 수 있도록 도와주려는 책이다.

– 수전 손택, 『은유로서의 질병』, 이후, 259쪽

"부정 탄 거야. 벌 받은 게 분명해, 그렇지 않고서야 중한 병이 찾아왔겠느냐고." 가뜩이나 아프고 힘든데, 질병에 대하여 사람들이 수군거린다. 수전 손택Susan Sontag은 질병을 질병으로 보지 않고, 질병에 특별한 의미은유를 부여하는 것은, 육체적인 고통에 심리적인 고통과 사회적인 고립을 더 하는 나쁜 행동이라고 말한다. 왜 사람들은 질병에 은유적 의미를 덧붙일까. 이런 잘못된 언어사용은 질병의 발병 원인을 제대로 몰라서다. 수전 손택은 두 번에 걸친 암 투병 중,

본인이 겪었던 질병에 대한 은유적 폭력을 기술한다. 그녀는 말한다. 질병은 질병일 뿐이고, 치료해야 할 그 무엇일 뿐, 그 이상도 그 이하도 아니라고.

예수 믿는 사람도 아프고 병에 걸린다. 죽음은 누구에게나 예외 없이 찾아온다. 아브라함, 이삭, 야곱... 위대한 신앙인도 모두 다 죽었다. 질병과 죽음은 불명예스러운 일이 아니다. 오히려 죽음은 신자의 삶의 완성이고 부활의 시작이다. 레위기는 여성의 유출에 대해서 말하면서 부정한 이야기를 거룩한 하나님 말씀 안으로 가지고 들어온다. 통쾌하다. 부정과 질병에 은유를 부여하려면 이렇게 해야 한다. 하나님이 정해주신 규례대로 행하면, 부정과 혼돈은 정결과 질서로 바뀐다. 유출병이 있는 자는 다시 정결해지려면 이레를 센 후에 옷을 빨고 흐르는 물에 몸을 씻으면 된다. 흐르는 물은 부정한 것이 닿아도 부정해지지 않는다. 부정해지는 속도 보다 깨끗해지는 속도가 더 빠르기 때문이다. 예수님은 혈루증에 걸린 여인을 고쳐주셨지만, 예수님은 부정해지지 않았다.눅8:44 부정해지는 속도가 거룩해지는 속도를 따라잡을 수 없기 때문이다.

> "유출병이 있는 자는 그의 유출이 깨끗해지거든 그가 정결하게 되기
> 위하여 이레를 센 후에 옷을 빨고 흐르는 물에 그의 몸을 씻을 것이라
> 그러면 그가 정하리니"(레위기 15:13)

우리가
부모를 선택할 수 있다면

> 네, 종합해 보면 만약 우리가 부모를 선택할 수 있다면,
> 물론 그럴 순 없지만요, 죄책감을 느끼는 엄마를 고르는
> 것이 더 낫습니다. 어쨌든 책임감을 느끼고, 안 좋은 일
> 이 생기면 자신의 잘못이라고 생각하는 엄마를요. 문제
> 가 생기면 핑계를 즉시 외부로 돌리고, 지난밤 폭풍우
> 때문이라는 등 외부 현상을 탓하면서 어떤 것도 책임지
> 려 하지 않는 엄마보다는 말입니다. 양극단이긴 하지만,
> 둘 중에서 책임감을 강하게 느끼는 엄마가 우리에게는
> 더 좋을 거라고 생각합니다.
>
> – 도널드 위니코트, 『육아가 두려운 엄마들에게』,
> 펜연필독약, 171쪽

"만약 우리가 부모를 선택할 수 있다면, 나는 죄책감을 느낄 줄 아
는 부모를 선택하겠다." 아동 정신분석의 선구자 도널드 위니코트
Donald Winnicott가 한 이 말은 이제 막 부모가 된 이들에게 커다란 용
기와 위로를 준다. 문제가 생겼을 때 핑계를 대는 부모보다는 책임감
을 느끼고, 안 좋은 일이 생기면 자신의 잘못이라고 생각하는 부모가
자녀에게 더 좋은 부모라는 이 말은 유아교육에 이정표가 되었다. 만

약 우리가 부모를 선택할 수 있다면 어떤 부모를 선택해야 할까. 죄책감을 느끼는 부모가 완벽을 추구하다가 짜증을 내거나 핑계를 대는 부모보다는 훨씬 낫다. 이 말은 하나님을 선택할 때도 적용해볼 수 있다. 우리가 하나님을 선택할 수 한다면, 어떤 하나님을 선택해야 할까. 참된 신신앙을 가름하는 기준은 무엇일까. 시몬 베유는 신을 믿는 건 우리에게 달린 일이 아니지만, 우리가 할 수 있는 건 가짜 신에게 사랑을 주지 않는 것이라고 했다. 『어느 시골 신부의 일기』를 쓴 소설가 조르주 베르나노스Georges Bernanos는 신앙이란 90%의 의심과 10%의 희망이라고 했다. 의심을 허용하는 신만이 희망을 말할 수 있다는 이 말이 나는 너무 좋다. 불완전한 인간을 수용하는 신이 있다면, 나는 얼마든지 내 마음과 사랑을 드릴 것이다.

"이에 베드로가 예수의 말씀에 닭 울기 전에 네가 세 번 나를 부인하리라 하심이 생각나서 밖에 나가서 심히 통곡하니라"(마태복음 26:75)

만사가 잘 될 것입니다

그리스도인의 소망

만사가
잘 될 것입니다

"만사가 잘 될 것입니다."

이 말을 제대로 이해하려면 영국의 신비가 노리지의 줄리안Julian of Norwich이 살던 유럽의 역사를 살펴보아야 한다. 노리지의 줄리안 살았던 14세기는, 십자군 전쟁으로 민생은 파탄에 빠졌고, 흑사병으로 유럽 인구의 3분의 1이 죽었으며, 영국과 프랑스의 백 년 전쟁과 농민혁명 등 유럽 전체가 큰 혼란에 빠졌던 그야말로 암흑기였다. 이런 팬데믹 상황 속에서 노리지의 줄리안이 하나님께 받은 계시는 "그러나 모든 것이 잘 될 것이다"였다. 노리지의 줄리안이 하나님께 받은 이 계시는 역사의 현실과 상황에 근거한 희망은 아니었다. 또 무조건 잘 될 것이라는 낙관적이고 긍정적인 희망도 아니었다. 그

251

렇다면 노리지의 줄리안이 말하는 희망의 근거는 무엇인가. 바로 창조주 하나님이다. 하나님은 자비하실 뿐만 아니라, 예수 그리스도의 죽음과 부활 안에서 우리와 동류가 되셨기에 자비와 희망의 근원이 되신다. 노리지 줄리안이 바라본 것은 삼위일체 하나님이었다. 현실의 문제에 눌리거나, 예기치 못한 어떤 문제로 우리의 시야가 좁아질 때, 우리에게는 하나님의 계시가 필요하다. 하나님의 말씀을 가지고 예는 예, 아닌 것은 아니라고 말하는 사람이 있다. 그 사람은 하나님 앞에서 모든 것이 상대화된다는 것을 아는 사람일 것이다. 예수님은 병든 생각에 사로잡혔던 38년 병자를 향해서 "일어나 걸으라"라고 말씀하셨다. 마찬가지로 100년 전, 우리 조상들은 "대한 독립 만세"를 외쳤다. 식민지 현실을 절대화하거나, 논리적 가능성만을 생각했다면, 절대로 불가능했을 뜨거운 함성과 외침이었다.

"내게 능력 주시는 자 안에서 모든 것을 할 수 있느니라"(빌립보서 4:13)

퀸

> 밴드 멤버들은 거드름을 피우는 듯한 행동 때문에 프레디를 '여왕님'The Queen이라고 불렀다. 그러나 얼마 지나지 않아 프레디는 멤버들의 그런 치기 어린 행동에 결정적인 한 방을 먹였다. 자신을 비아냥거리는 뜻이 담긴 별명퀸에 새로운 의미를 부여하고, 남들이 약점이라고 여기던 것을 자신의 가장 큰 덕목으로 승화하는 데는 그리 오랜 시간이 걸리지 않았다.
>
> – 알폰소 카사스, 『프레디』, 심플라이프, 30쪽

2018년 10월 31일 영화 〈보헤미안 랩소디〉가 우리나라에서 개봉했다. 영국의 전설적인 록 그룹 '퀸'Queen의 리드 보컬 프레디 머큐리Freddie Mercury와 그의 삶을 다룬 〈보헤미안 랩소디〉는 누적관객수 9,948,386명을 기록할 정도로 큰 호응을 얻었다. 지금이야 '퀸'이라는 말을 부정적으로 쓰지는 않지만, 그 시절 이 단어를 밴드 이름으로 사용하는 것은 매우 위험한 결정이었다. 왜 그런 모험을 단행했냐는 질문에 멤버들은 늘 간단하게 대답했다. '여왕'이라는 뜻을 가진 그 단어는 매우 위엄 있고 화려하며 세계적일 뿐 아니라, 기

억하기도 쉽기 때문이었다고. 하지만 퀸이라는 이름은 프레디를 놀리던 친구들의 빈정거림에서부터 시작되었다고 한다. 친구들이 프레디 머큐리에게 "여왕님 오셨습니까?" 라고 농담으로 던졌던 말이, 새로운 출발과 새로운 현실을 만들어낼 계기가 될 줄 아무도 상상하지 못했다.

사무엘상 16:10-11에서 다윗은 이새의 여덟째 아들이요, 막내작은자였다. 구약에서 '7'은 완전수다. 그래서 8이라는 숫자와 막내라는 단어에는 다분히 부정적인 뜻이 내포되어 있다. 그러니까 다윗은 왕이 될 가능성이 거의 없는 사람과 같다. 하지만 역대상 2:15에서 다윗은 이새의 일곱째 아들로 나오고, 성전 건축을 준비하고, 성전 예배를 조직화한 탁월한 왕으로 나온다. 후대 사람들에게 다윗은 인간적인 약점보다는, 이스라엘 백성들의 정체성을 형성하는 데 가장 중요한 일을 한 '왕'으로 기억되고 있다. 이 역시 아무도 상상하지 못한 일이었다.

"여섯째로 오셈과 일곱째로 다윗을 낳았으며"(역대상 2:15)

악마의
맷돌

폴라니는 이러한 사회적 현상을 악마의 맷돌satanic mill
이라는 개념으로 설명한다. 그에 따르면, '악마의 맷돌'
은 모든 가치들을 집어넣어 갈아서 오직 경제적 이익이
라는 한 가지 가치로 만든다. 여자의 오빠가 쥐도 새도
모르게 하인을 살해한 것 역시 결국은 '악마의 맷돌' 때
문이다.

- 왕은철, 『트라우마와 문학, 그 침묵의 소리들』, 현대문학, 105쪽

안데르센의 동화 『장미요정』은 사악한 오빠가 자기 동생이 신분
이 낮은 남자를 사랑하는 것을 좋지 않게 생각하여, 동생이 사랑하는
하인을 산과 바다 너머로 사업 심부름을 보내는 척하다가 칼로 찔러
죽이고 목을 벤다. 결국, 이 모든 것은 신분과 돈 때문에 벌어진 일이
었다. 악마의 맷돌에 모든 가치를 넣고 돌리면 오직 경제적인 이익이
라는 하나의 가치로 변하고 만다. 악마의 맷돌은 그만큼 무섭다. 악
마의 맷돌이 단순히 동화라고 생각되지 않는 것은 우리가 살아가는
이 세상에도 악마의 맷돌이 보이기 때문이다. 악마의 맷돌에서 나오
는 이야기는 자기중심적이고, 모든 것을 자기 이익의 관점에서 바라

보는 이야기다.

반대로 악마의 맷돌에서 나와서 하나님의 맷돌에 들어가면 전혀 다른 이야기로 바뀐다. 야곱은 얍복 강에서 하나님과 겨루다가 환도 뼈가 으스러졌고, 이스라엘로 변화되었다. 자기중심적인 삶을 살던 야곱이, 하나님의 맷돌에 들어갔고, 악마의 맷돌을 돌리는 사람에서 하나님의 맷돌을 돌리는 이스라엘로 바뀌었다. 존재가 바뀌려면 '맷돌'세계관을 바꾸어야 한다. 악마의 맷돌에서 하나님의 맷돌이 있는 곳으로 이동해야 한다. 데살로니가전서에는 자기중심적인 삶에서 변화되어 하나님의 주되심을 신뢰하는 사람들이 나온다. 하나님은 택하신 자들을 하나님의 맷돌에 넣고 돌리신다. 하나님의 맷돌에 갈리면 어떤 이야기가 나올까. 어떤 인생으로 빚어질까.

"항상 기뻐하라, 쉬지 말고 기도하라, 범사에 감사하라 이것이 그리스도 예수 안에서 너희를 향하신 하나님의 뜻이니라"(데살로니가전서 5:16-18)

피다한 부족의
인사말

'잠들면 안 돼, 거기 뱀이 있어' 피다한 사람들이 이런 인사말을 하는 이유는 두 가지다. 우선, 그들은 잠을 조금 잘수록 스스로 단련할 수 있다고 믿는다. 신체 단련은 피다한 사람들이 공유하는 가치다. 다른 하나는, 정글에서는 언제 어디서나 위험이 존재하기 때문에 넋을 놓고 잠을 자다가는 마을을 에워싸고 있는 무수한 포식자들의 공격에 노출될 수 있기 때문이다. 실제로 피다한 사람들은 밤에 많은 시간을 웃고 떠들고 보낸다. 그들은 한 번에 많은 시간을 자지 않는다.

– 다니엘 에버렛, 『잠들면 안 돼, 거기 뱀이 있어』, 꾸리에, 18쪽

"잠들면 안 돼, 거기 뱀이 있어"

아마존 피다한 부족의 저녁 인사말이다. 잠에 깊이 빠졌다가 맹수나 뱀의 공격을 받을 수 있기에 생겨난 인사법이었다. 아마존 밀림이라는 척박한 환경에 살아가는 피다한 부족은 언제나 뱀과 전갈, 무수한 포식자들의 공격을 대비하면서 살아간다. 피다한 부족은 단 한 번도 편하게 잠을 자본 적이 없다. 그런데, 이런 힘든 환경 속에서 살아가는 피다한 부족의 언어에는 '걱정'이라는 말이 없다고 한다. 피다

한 부족은 환경을 탓하는 대신, 매 순간 오늘을 살아간다. "잠들면 안돼, 거기 뱀이 있어." 이 말을 다른 말로 바꾸면 '카르페 디엠'이 될 것이다. 피다한 부족은 언제나 순간을 즐겁게 보낸다. 미래를 염려하지 않고, 과거에 집착하지도 않는다. 매일 매 순간 카르페 디엠을 실천한다. 매사를 긍정적으로 받아들이는 피다한 부족은 심지어 종교의 필요성도 느끼지 않는다고 한다. 지난 200년 동안 선교사들이 포교 활동했지만, 단 한 명의 회심자도 없었다.

다니엘 에버렛Daniel Everett 선교사는 피다한 부족과 30년을 함께 살면서 그들의 언어로 성경을 번역했고, 복음을 전했다. 그 역시 30년 동안 단 한 명의 결신자를 얻지 못했다. 귀국 후 그는 피다한 부족의 이야기를 가지고 책을 썼고, 기독교 신앙을 버리고, 무신론을 믿는 자가 되었다. 바울 사도는 율법이 없는 자에게는 율법이 없는 자처럼, 율법이 있는 자에게는 율법이 있는 자처럼 전도했다. 만약 다니엘 에버렛 선교사가 원죄原罪를 이해하지 못하는 피다한 부족에게 하나님의 원복原福을 나누었으면 어땠을까, 하는 생각이 든다. 무엇보다 200년 동안 선교의 열매가 없었던 이 위험한 선교지에 가장 필요한 복음 역시 "잠들면 안돼 거기 뱀이 있어"와 같은 긍정의 신앙이 아니었을까. 에스겔 선지자는 가능성이 전혀 없는 곳에서 긍정의 신앙으로 하나님의 말씀을 전했다. 에스겔은 처음부터 열매가 없는 사역이라는 것을 알았지만, 순종했다. 하나님이 유다 백성에게 에스겔을 보낸 것은 그들을 회개시키기 위함이 아니라, 그들 중에 단순히 선지자가 있었다는 사실을 증거하기 위함이었다. 때때로 선지자는 열매보다 더 중요한 하나님이 주신 소명을 얼마나 신실하게 이루려 했느냐로 평가 받는다. 그래서 선교는 미션임파서블이다.

"인자야 너는 비록 가시와 찔레와 함께 있으며 전갈 가운데 거주할지라도 그들을 두려워하지 말고 그들의 말을 두려워하지 말지어다"(에스겔 2:6-7)

○   카르페 디엠carpe diem

지금 살고 있는 현재 이 순간에 충실하라는 의미의 라틴어로 우리 말로는 '현재를 즐겨라'라는 의미다.

인생과 여행은
그래서 신비롭다

> 인생과 여행은 그래서 신비롭다. 설령 우리가 원하는 것을 얻지 못하고, 예상치 못한 실패와 시련, 좌절을 겪는다 해도, 우리가 그 안에서 얼마든지 기쁨을 찾아내고 행복을 누리며 깊은 깨달음을 얻기 때문이다.
>
> ― 김영하, 『여행의 이유』, 문학동네, 24쪽

2005년 12월 어느 날 작가 김영하는 상하이 푸둥 공항에서 서울로 가는 편도 항공기에 몸을 실었다. 작가는 방학 동안 소설을 쓸 마음으로 상하이에 숙소를 구했고, 필요한 준비를 다 했는데, 비자 서류를 준비하지 못한 바람에 푸둥 공항에 도착하자마자 한국행 비행기를 타야만 했다. 작가의 부주의로 발생한 일이었지만, 신기한 일은 그때부터였다. 한국에 도착한 작가는 무엇에 홀린 사람처럼 그날부터 소설을 쓰기 시작해서 장편소설 한 권을 완성했다고 한다. 처음 계획대로 중국에서 소설을 쓰지는 못했지만, 어쨌든 소설가의 간절한 꿈은 이루어진 셈이었다. 작가는 이것을 인생의 신비라고 말한다. 예상치 못한 현실에 실망하고, 대신에 생각지도 못한 어떤 것을 얻게 되는 인생의 신비 말이다. 여행자의 마음에는 여행을 무사히 마치고 안전하게 귀환하기를 바라는 마음과 함께 숨은 갈망이 하나 더 있다. 여행자는 안전한 여행과 함께 여행을 통한 뜻밖의 경험을 원한다. 여행의 통해서 나와 세계에 대한 새로운 깨달음을 얻고 싶다. 그것이 여행을 떠나는 진정한 이유일 것이다. 물론 그런 경험을 처음부터 여행 계획 속에 넣을 수는 없다. 일부러 도착지 공항에서 추방당하는 계획을 그 누구도 좋아할 것 같지는 않기 때문이다. 예기치 못한 기쁨은 마법과도 같은 경험이다. 그 기쁨은 의도치 않은 결과와 실패를 통해서 찾아오지만, 딱히 그 순간이 언제 찾아오는지 가늠할 순 없다.

바벨론에 잡혀온 이스라엘 백성들도 그랬다. 이스라엘이 망하고, 이방 나라에 끌려 올 줄은 꿈에도 생각하지 못했다. 하지만 더 놀라운 충격이 이스라엘 백성들을 기다리고 있었다. 그것은 이방 땅에서 듣게 된 하나님의 말씀 때문이었다. 도무지 상상도 못할 일이었다. 예루살렘을 떠났는데, 하나님의 말씀을 들을 수 있다니 말이다. 하나님의 말씀은 더욱더 강력했다. 이방 땅에서 하나님의 음성을 들을 줄을, 그 누가 상상이나 했겠는가. 육신에서 굳은 마음이 제거되고 부드러운 마음을 갖게 될 줄을, 그 누가 상상이나 했겠는가. 아무리 생각해 보아도 인생은 신비다. 아니 복음은 신비다.

"또 새 영을 너희 속에 두고 새 마음을 너희에게 주되 너희 육신에서 굳은 마음을 제거하고 부드러운 마음을 줄 것이며"(에스겔 36:26)

완벽하게
이해하진 못해도

> 그 애의 죽음에 대해서 정말로 내게 모든 것을 다 말한
> 거니? 모두 다 말씀드렸습니다. 하지만 너무 적지 않니?
> 예, 많지는 않지요. 하지만 완벽하게 이해하진 못해도 완
> 벽하게 사랑할 수는 있습니다. 그래, 그게 내가 평생 설
> 교해 온 것이지.
>
> - 노먼 맥클린,『흐르는 강물처럼』, 연암서가, 199쪽

『흐르는 강물처럼』은 시카고 대학 영문학 교수인 노먼 맥클린
Norman Maclean이 동생 폴Paul MacLean을 40년간 추억하면서 쓴 아름
다운 소설이다. 영화로도 만들어진 이 소설은 작가인 아들과 아버지
의 대화를 그린 마지막 장면이 압권이다. 둘째 아들 폴의 죽음으로
충격을 받은 아버지는 걸음을 잘 걷지 못했다. 흐르는 강물처럼 시간
이 흘러갔지만 아버지는 여전히 폴이 왜 그렇게 일찍 세상을 떠났는
지 이해할 수 없다. 폴이 노름판에서 시비에 휘말렸고, 격렬하게 싸
우다가 잘못됐다는 것은 알고 있지만 그것은 표면적으로 드러난 이
야기일 뿐이었다. 아버지는 그날의 진실이 궁금했고, 아들을 돕지 못
한 자신을 자책했다. 이에 큰아들 노먼은 자신과 동생 폴이 아버지께

들었던 말로 아버지를 위로했다.

"완벽하게 이해하진 못해도 완벽하게 사랑할 수는 있습니다."

"그래 그게 내가 평생 설교해 온 것이지."

그렇다. 이해가 되지 않지만, 사랑할 수 있다. 그것도 완벽하게 말이다. 아버지는 자신이 평생 두 아들과 성도들에게 전했던 바로 그 설교를 통해 이해할 수 없지만, 완벽하게 사랑했던 아들과 그런 사랑을 가능케 하시는 분을 생각했다. 영국의 시인 찰스 스윈번Algernon Charles Swinburne이 쓴 시의 한 구절이 떠오른다. "아무리 지친 강도 굽이쳐 결국 바다로 흘러 들어가지." 지친 강물이 결국 바다로 흘러가듯, 늙은 아버지와 노먼은 이제 완벽하게 이해할 수 없지만, 완벽하게 사랑하는 폴을 향해 두 손을 내밀고, 두 팔을 벌린다. 시편 22편은 예수님이 십자가 위에서 암송하신 시편이다. "완벽하게 이해하진 못해도, 완벽하게 사랑할 수 있다." 시편 22편을 읽는 동안, 떠오른 문장이었다. 예수님도 이해가 되지 않는 순간이 왔을 때, 시편 22편을 암송하셨다. 그 한 가지 사실만으로 위로가 된다. 이해할 수 없는 일로 괴로울 때, 우리에게 손을 내미는 분이 있다.

"내 하나님이여 내 하나님이여 어찌 나를 버리셨나이까 어찌 나를 멀리 하여 돕지 아니하시오며 내 신음 소리를 듣지 아니하시나이까"(시편 22:1)

킹스
스피치

영화의 줄거리는 이렇다. 〈킹스 스피치〉는 현 엘리자베스 영국 여왕의 아버지, 조지 6세의 실제 이야기다. 조지 6세는 심한 말더듬증을 갖고 있었다. 언어 치료사인 라이오넬은 "태어날 때부터 말을 더듬는 사람은 없다"라며 어린 시절을 돌아보게 한다. 조지 6세는 어린 시절 유모의 학대를 받았고, 왼손잡이를 고치느라 무섭게 혼나야 했고, 안짱다리를 고치기 위해 철로 된 부목을 밤낮으로 다리에 묶은 채 고통 받아야 했다. 자신은 원래 말을 더듬지 않았다는 걸 스스로 확신하게 되면서 조지 6세의 치료는 시작된다. 어린 시절의 트라우마가 해소된 조지 6세는 2차 세계대전 당시 히틀러에 맞서 전쟁을 선포하는 첫 연설을 훌륭하게 해내게 된다.

– 이덕주, 『카이스트 명상 수업』, 위즈덤하우스, 65쪽

힘들어도, 한 말씀이 있는 사람은 살 수 있다. 성경의 시작은 창세기 1장 1절이다. 성경의 이 짧은 말씀이 한 사람의 운명을 바꾸어 놓았다. 말 더듬는 장애로 고통을 겪었던 영국 국왕 조지 6세George Ⅵ를 언어 치료사 라이오넬이 데리고 간 곳은, 다름 아닌 '창세기 1장

1절'이었다. "태어날 때부터 말을 더듬는 아이는 없습니다." 이 한마디에 제임스 6세의 생각이 바뀌었고, 말 더듬는 장애를 극복하기 위한 킹스 스피치 치료가 시작되었다.

놀이터에서 사이좋게 놀던 두 아이가 싸운다. 다시는 너랑 놀지 않겠다고 돌아서지만, 얼마 지나지 않아 두 아이는 언제 그랬냐는 듯 정답게 논다. 두 아이가 그렇게 할 수 있는 것은 어린아이들이 정의보다 행복을 선택하기 때문이라고 한다. 우리가 현실에서 맞닥뜨린 문제를 풀기 위해서는 일단 그 문제에서 떨어져 나와서 다른 관점에서 그 문제를 바라보아야 해결책이 보인다. 모든 문제를 추적하면 도착하는 곳은 창세기 3장이다. 하지만 인간의 문제를 근원적으로 해결하려면 창세기 3장을 넘어 보다 먼 과거로 거슬러 올라가야 한다. 인류의 시작. 세상의 시작은 창세기 1장 1절이다. "태어날 때부터 말을 더듬는 아이는 없습니다." 얼마나 멋진 말인가. 고향은 내가 태어난 곳이지만, 본향은 내가 돌아갈 곳이다. 창세기 1장 1절은 모든 것의 시작을 말해 준다.

"태초에 하나님이 천지를 창조하시니라"(창세기 1:1)

큰 기쁨의
순간

기쁨이 만사를 관통하고 있음을 아는 것은 정말 중요합
니다. 세상을 떠나는 순간을 큰 기쁨의 순간으로 기대하
는 것도 중요하고요. (거기서 잠시 감정을 억누르느라 잠시
말이 끊긴다) 예수님이 가르치셨듯이 우리는 그분의 임
재와 말씀을 통해서 이미 하늘에서 살고 있습니다. 그래
서 누구든지 그분의 말씀을 지키면 인간이 생각하는 죽
음을 결코 맛보지 않는다고 하신 겁니다. 물론 사람들의
임종을 보기는 합니다. 육체는 작동을 멈춥니다. 하지만
그들은 하나님의 임재 안에 지금처럼 계속 존재합니다.
내 생각에 많은 사람들이 자기가 죽은 줄도 모르고 있다
가 나중에야 뭔가 달라졌음을 알아차릴 것입니다. -달
라스 윌라드의 마지막 강연 중.

- 게리 W. 문, 『달라스 윌라드』, 복있는 사람, 369-370쪽

그리스도인은 어떤 죽음을 경험할까. 그리스도인의 죽음은 어떤
점에서 다를까. 달라스 윌라드Dallas Albert Willard는 그리스도인이 세
상을 떠날 때, 큰 기쁨을 맛볼 것이라고 말한다. 췌장암 진단을 받은
달라스 윌라드는 제자인 모어랜드James Porter Moreland에게 이렇게

말했다. "수술을 받기 전에 자네와 대화하고 싶었네. 수술이 다가왔는데 내가 이겨 내지 못할지도 모르네. 하지만 우리에게는 아주 영광스러운 미래가 있어. 놀라울 걸세." 달라스 윌라드의 몸은 암세포에 점령을 당했지만, 그의 관심사는 온통 하나님 나라였다. 하나님 나라의 기쁨이 그의 삶을 관통하고 있었다. 하나님의 부름을 받기 전, 윌라드에게 기쁨을 가져다준 일은 2013년 2월 산타바버라에서 열린 마지막 집회였다. 수척하게 여위었지만 윌라드의 마지막 강연은 그의 진가가 유감없이 드러났다. 그는 집회 마지막 시간 청중의 질문에 대한 답으로 하나님의 임재 안에서 누리는 '기쁨'을 증언하였다. 장내에 웃음이 퍼져나갔다. 그는 민수기 6:24-26에 나오는 아론의 축복으로 모든 참석자를 위해 기도했다. 그러나 점점 이별의 시간이 다가오고 있었다. 달라스 윌라드는 2013년 5월 8일 오전 6시가 되기 조금 전에 숨을 거두었다. 하지만 그는 한참 지나고 난 다음, 큰 기쁨 속에서 그것을 뒤늦게 알아차렸을 것이다. 틀림없이. "내 생각에 많은 사람들이 자기가 죽은 줄도 모르고 있다가 나중에 뭔가 달라졌음을 알아차릴 것입니다."

"이를 위하여 그리스도께서 죽었다가 다시 살아나셨으니 곧 죽은 자와 산 자의 주가 되려 하심이라"(로마서 14:9)

몰트만 박사의
묘지석

> 1995년에 내가 "죽음 속의 부활"을 거부했던 까닭은 그
> 것이 내게는 개인주의적인 것으로 여겨졌기 때문이다.
> 오늘 내가 이를 주장하는 까닭은 내가 관점을 바꾸었기
> 때문이다. 나는 이제 현재로부터 아직 오지 않은 미래를
> 바라보지 않고, 미래로부터 개시된 현재를 바라본다. 영
> 원한 생명을 향한 우리의 부활은 그리스도와의 사귐 안
> 에서 이미 현존하고 있다. 하나님의 영광은 그리스도 안
> 에서 감춰져 있는 미래의 생명을 이미 비추고 있다…만
> 약 죽은 자들이 이미 부활하여 영원한 생명 안에서 깨
> 어 있다면, 우리는 '시간'으로 인해 그들과 떨어지게 된
> 다. 그러나 그들은 '영원' 안에서 우리 곁에 있다. 그들은
> 우리를 기다리고 있으며, 내 생각에 따르면 그들은 우리
> 위에서 깨어 있다.
>
> — 위르겐 몰트만, 『나는 영생을 믿는다』, 신앙과지성사, 87-88쪽

몰트만Jurgen Moltmann 박사는 자신의 묘지석에 사망한 날짜를 쓰
지 않기로 했다. 96세인 몰트만 박사는 마지막 저서가 될 작은 책에
서 그동안 자신이 견지해 왔던 신자의 부활에 대한 자신의 견해를

바꾸고, 신자의 죽음 속에 있는 부활을 이야기 한다. 그리스도인의 미래는 우리가 아닌, 하나님이 정하시는 미래다. 종말에 완성될 그 미래는, 이미 개시되어 우리 삶에 침투하고 있다. 신자의 죽음 속에는 부활이 있다. 몰트만 박사는 자신의 묘지석에 태어난 날과 사망한 날을 쓰지 않고, 태어난 날과 부활의 날을 쓰겠다고 말한다. 몰트만 박사가 이처럼 자신의 신학적 견해를 바꾸게 된 것은, 2016년에 사망한 아내 엘리자베트Elisabeth 때문이었다. 아내의 죽음이 죽음과 부활에 대한 그의 신학적 성찰을 새롭게 하는 계기가 된 셈이다.

우리는 하늘에 뜬 반달을 보면서도 온달을 상상한다. 온달이 있음을 알기에 반달의 어둠에 불평하기보다는 반달의 빛에 긍정한다. 영원 속에서 오늘을 살아가는 자는 반달이 가리키는 온달을 본다. 모든 사람은 자신이 갈망하는 미래와 동행한다. 염려와 감사. 둘 다 미래에서 온 손님이다. 걱정은 걱정으로 끝나지 않고, 오늘 우리의 삶에 침투하여 불평과 두려움, 유혹에 넘어지게 한다. 마찬가지로 감사와 기쁨은 신자의 삶에 침투하여 신자의 오늘과 내일을 이끌고 간다. 신자의 미래는 하나님이 정하신 미래다. 그 미래가 오늘 우리의 삶을 붙들고 일으킨다. 신자의 마지막은 죽음이 아닌 부활이다. 신자의 죽음 속에 이미 부활이 있다.

"내가 확신하노니 사망이나 생명이나 천사들이나 권세자들이나 현재

일이나 장래 일이나 능력이나 높음이나 깊음이나 다른 어떤 피조물이

라도 우리를 우리 주 그리스도 예수 안에 있는 하나님의 사랑에서 끊

을 수 없으리라"(로마서 8:38-39)

나를 유혹하는
언어

> 사전 속 한 페이지에는 보통 60개 내외의 언어가 적혀
> 있었습니다. 한 지면에는 평균적으로 유혹하는 언어는
> 2-3개에 불과했습니다. 사전은 재미있는 이야기가 없습
> 니다. 가나다순으로 배치된 언어의 나열일 뿐입니다. 한
> 마디로 무미건조합니다. 간혹 만나는 설레고 떨리며 끌
> 리는 언어가 있었기에 730일을 보낼 수 있었습니다.
>
> - 도명수, 『언어의 유혹』, 렛츠북, 67쪽

키르케고르Søren Aabye Kierkegaard는 "인간을 유혹하지 못하는 자 인간을 구원하지 못한다"고 했다. 엄청난 문장이다. 이 문장을 읽은 후, 나에게 독서란 나를 유혹하는 문장을 찾는 일, 유혹하는 문장을 찾는 낚시가 되었다. 노안이 왔지만 책을 펼칠 때마다 흥분이 된다. 나를 유혹하는 언어에, 방심하고 있다가 느닷없이 등장하는 문장에, 나도 모르게 낚인다. 그 기쁨을 무엇에 비할 수 있을꼬!

도명수 작가는 희한한 분이다. 그는 『국어사전』을 완독하고, 『언어의 유혹』이라는 책을 썼다. 사전에는 스토리가 없다. 그래서 재미가 없다. 필요한 단어를 찾아서 읽는 것은 유익하지만 『국어사전』을

처음부터 끝까지 완독하는 것은 생각만 해도 끔찍하다. 그런데 도명수 작가는 그런 무모한 일을 해냈다. 작가는 사전을 읽는 중간중간 등장하는 끌리는 언어 때문에 사전을 읽는 일이 어렵게 느껴지지 않았다고 한다. 작가는 3천페이지, 16만 개의 단어를, 730일 동안 읽고, 자신을 유혹한 언어 7,648개를 따로 모아 사전까지 만들었다. 7,648개는 16만 개 단어에 약 5%에 해당한다. 인생을 한 권의 책에 비유해 본다면, 우리의 인생은 찬란하고 빛나는 순간보다 의미 없이 넘기는 페이지가 훨씬 더 많을 것이다. 그래도 포기하지 않고 삶의 책장을 한 장씩 넘길 수 있는 것은 어김없이 우리를 유혹하는 언어 즉, 복음이 있기 때문이다. 인생은 『국어사전』을 읽는 것과 같다. 누구도 예외 없이 지루함과 의미 없음을 견디면서 살아간다. 참고, 견디고, 살아가고, 살아내는 것은 그래도 중간중간 찾아오는 기쁨이 있어서일 것이다. 낚시꾼이 지루한 시간을 보내는 것 같지만, 실은 팽팽한 긴장 속에서 월척을 기다린다. 바로 그 순간 때문에 모든 평범한 시간이 특별한 시간으로 변한다. 월척을 낚는 시간뿐 아니라 모든 시간은 나름의 의미로 충만하다. 프랑스의 소설가 조르주 베르나노스Georges Bernanos의 말처럼 어디에나 주의 은혜가 있다.

"내가 복음을 위하여 모든 것을 행함은 복음에 참여하고자 함이라"(고린도전서 9:23)

오그라졌던 몸이
펴진다

자기대상으로부터 '조건 없는 사랑'을 받고 자라게 될 때 아이는 평생 젖줄이 될 수 있는 안정애착을 갖게 됩니다. 이 젖줄에 대해 박완서 선생은 마지막 수필인 〈못 가본 길이 더 아름답다〉에서 이렇게 말합니다. "이 나이에, 머지않아 증손자를 볼 나이에도 지치거나 상처받아 잠 못 이루는 밤이면…내 시름에 겨워 엄마, 엄마를 연거푸 부르면 끝도 없이 옛날 생각이 나고, 이야기가 이야기를 부르면서 마음이 훈훈하게 젖어오면 오그려졌던 몸이 펴진다. 이 몸이 얼마나 사랑받은 몸인데. 넘치게 사랑받은 기억은 아직도 나에게 젖줄이다."(박완서, 〈못 가본 길이 더 아름답다〉, P.193) 대부분의 중독은 박완서 선생의 엄마 같은 젖줄(자기대상)의 부재에서 오는 것이죠. 부조리한 세상을 그런 젖줄 하나 없이 살아가야 하는 모습을 상상해 보십시오. 어디에서 위로와 견디는 힘을 얻을 수 있겠습니까? 중독은 당연한 수순이 아닐까 합니다.

- 노상헌, 『중독과의 이별』, 홍성사, 245쪽

증손자를 볼 나이의 노작가에게도 엄마의 젖이 필요했나 보다. 상처받아 잠 못 이루는 밤, 온몸이 오그라졌을 때, 작가는 불현듯 엄마를 부른다. 엄마, 엄마를 연거푸 부르니 오그라졌던 몸이 이내 펴진다. 내가 얼마나 사랑받은 몸인데. 넘치게 사랑받은 기억이 엄마의 젖이었다. 쇼펜하우어Arthur Schopenhauer는 인간이란 결핍과 권태 사이를 시계추처럼 오고가는 존재라고 했다. 결핍을 채우기 위해 몸부림을 치지만, 결핍을 채우고 나면 이번에는 권태가 찾아온다. 좀 더 채우면 해결될까. 보다 강렬한 자극이 인간의 오그라진 몸을 펴줄 것인가. 조건 없는 사랑의 부재가 중독의 원인이라고 한다. 나쁜 중독을 이기는 것은 좋은 중독이다. 욕망을 없애기보다는 근원젖을 향한 욕망을 일으켜야 한다. 아이에게도 어른에게도 젖은혜이 필요하다.

"갓난 아기들 같이 순전하고 신령한 젖을 사모하라 이는 그로 말미암아 너희로 구원에 이르도록 자라게 하려 함이라"(베드로전서 2:2)

단단한 못이
삭으리니

우리는 저마다 공간의 한 부분을 점유하고 있다. 저마다 자기만의 공간이 있다. 나의 신체가 점유한 공간은 다른 누군가가 아니라 나 자신만이 점유한 공간이다. 하지만 시간을 점유한 사람은 존재하지 않는다. 누구도 순간을 독차지할 수 없다. 지금 이 순간은 나에게 속해 있음과 동시에 모든 살아있는 사람에게 속해있다. 시간은 공유의 대상이고 공간은 소유의 대상이다. 공간을 소유하면 다른 모든 존재의 '적수'가 되지만, 시간 속에서 살면 다른 모든 존재와 '동시대인'이 된다. 시간은 통과의 대상이고, 공간은 점유의 대상이다. 우리는 공간의 세계가 우리를 위해, 인간을 위해 존재한다는 착각에 곧잘 굴복한다. 시간에 관한 한, 우리는 그러한 착각에 빠지지 않는다.

– 아브라함 헤셸, 『안식』, 복있는사람, 178쪽

시간을 견디지 못하고 스러진 건축물은 자신의 존재를 흔적으로 남긴다. 건축가 승효상은 폐허를 가리켜 땅에 새겨진 무늬, 즉 지문 地文이라고 명명한다. 그는 땅의 이야기를 듣지 않고, 부동산의 가치만을 고집하는 현대인들이 '터무니'地文 없는 인생을 살고 있다고 말한다. 앞으로 100년 뒤 지금 있는 건물 중, 대부분은 흔적도 없이 사라지고 없을 것이다. 오랜 시간 세월의 무게를 견뎌낸 건축물도 위대하지만, 옛 성 터에서 굴러다니는 돌멩이가 걸어오는 말이 더 소중하다. 깨지고 부서진 돌덩이는 말한다. 모든 존재는 시간 앞에서 흔적만 남기게 될 것이라고. 단단한 못도 녹슬고, 잘 박힌 못도 언젠가 부러지고, 못에 걸려 있던 물건들도 땅에 떨어져 산산이 부서질 것이다. 인간은 왜 공간을 소유하려고 하는가. 공간에 대한 욕심 때문이지만, 더 중요한 이유는 땅에 새겨진 글씨, 즉 '폐허'가 말하는 소리를 듣지 않고 읽지 않기 때문이리라. 그래서 헤셸Abraham Joshua Heschel의 말은 마치 폐허 속에서 들려오는 말 같다. 공간을 소유하려고 할 때는 적수가 생기지만, 시간 속에서 살아가는 사람은 동시대인이 될 것이다. 공간을 소유하기보다는 사용하고, 공평한 시간 속에서 살아갈 때 적이 친구가 되고, 허무한 삶이 충만한 삶으로 바뀔 것이다. '공간을 소유하면 적수가 생기고, 시간 속에서 살면 동시대인이 된다.'

"만군의 여호와께서 이르시되 그 날에는 단단한 곳에 박혔던 못이 삭으리니 그 못이 부러져 떨어지므로 그 위에 걸린 물건이 부서지리라 하셨다 하라 나 여호와의 말이니라"(이사야 22:25)

기만적인 평화를
뒤흔드는 계시

> 오코너의 작품에는 그렇게 보이지 않는 우주의 신비를
> 드러내는 계시의 순간이 가득하다. 그런 순간은 딱히 축
> 복으로 보이지는 않지만, 등장인물들의 가치관 또는 인
> 생을 뒤흔들어 놓고 지나간다… 눈앞에 보이는 이 세계,
> 우리가 '알고 있다'고 생각하는 이 세계가 다가 아니라
> 는 것, 세상에는 우리가 통제할 수 없는 신비가 있다는
> 것을 오코너의 작품은 더할 수 없이 강렬한 방식으로 우
> 리에게 보여준다. 기만적인 평화를 뒤흔드는 섬뜩한 계
> 시는 불편할 수밖에 없다.
>
> — 플래너리 오코너, 『플래너리 오코너』, 현대문학, 745-746쪽

플래너리 오코너Flannery O'Connor의 소설은 읽을 때마다 불편하
다. 해피엔딩과는 거리가 멀고, 의외성과 잔인한 폭력이 난무하는 소
설이기 때문이다. 호기심이 발동해 작가의 이력을 살펴보았다. 작가
는 루푸스라는 난치성 질병과 오랜 시간 씨름을 했고, 기독교의 구원
을 소설의 주제로 삼았다고 한다. 순간, 내 얼굴이 붉어졌다. 오코너
의 소설을 '오독'오해 했다는 부끄러움 때문이었다. 피카소Pablo Picasso
는 창조가 있기 전 파괴가 있다고 했다. 오코너의 소설에 등장하는

폭력과 닫힌 결말은 사실 타성에 젖어 있는 인간의 기만적인 평화를 흔드는 하나님의 손이다. 외과 의사의 메스처럼 예리하고 파괴적인 서사가 지나간 자리에는 피가 뚝뚝 떨어진다. 파괴를 거친 다음에 비로소 보이는 세계가 있다. 고정관념이 해체되려면 푸른 초장보다 뜨거운 태양이 내리쬐는 사막이 더 낫다. 평소 성경을 읽을 때 들었던 의문 하나가 풀어진다. 궁금했다. 성경에 왜 그렇게 낯설고 불편한 이야기가 많이 나오는지 말이다. 하나님은 자기 기만적인 구원에 갇혀 있는 자에게 어긋남, 깨어짐, 실패와 같은 불편한 이야기를 통해서 찾아오신다. 통제할 수 없는 일이 닥칠 때마다, 우리는 화를 내고 분개하지만, 하나님은 그 '섬뜩한 계시'를 통해서 오랜 습성에 젖어 있는 우리를 해체하시고, 새롭게 하신다. 성경은 해피엔딩이다. 하지만 안심하면 안 된다. 그 여정에는 망치, 늪, 풍랑, 광야, 수렁이 있다.

"여호와께서 이미 큰 물고기를 예비하사 요나를 삼키게 하셨으므로 요나가 밤낮 삼일을 물고기 뱃속에 있느니라"(요나 1:17)

망가진
토끼

제가 좋아하는 플로리다에서 열리는 개 경주 이야기예요. 사람들은 전기로 움직이는 장난감 토끼를 잡아오도록 개를 훈련시킵니다. 그런데 어느 날 밤 장난감 토끼가 고장이 났고 개들이 그 토끼를 붙잡았어요. 그런데 개들은 그걸로 뭘 해야 할지 몰랐어요. 그저 이리 뛰고 저리 뛰면서 짖어 대고 서로를 물어뜯는 바람에 완전히 난장판이 되어버리고 말았죠. 인생에서 토끼를 잡으려는 모든 사람에게 일어나는 상황이 꼭 이런 모습이라고 생각해요. 부든 명예든 아름다움이든 큰 저택이든 무엇이든 간에, 그 모습은 애초에 그들이 생각했던 모습이 아니에요. 마침내 그걸 얻고 나면 이제 무엇을 하며 살아야 할지 막막해지죠. 사람들에게는 망가지지 않는 토끼가 필요해요.

– 밥 버포드, 『하프타임4』, 국제제자훈련원, 52쪽

진열된 상품에는 의도가 있다. 고객들은 자신의 판단과 의지로 물건을 산 것처럼 착각하지만, 물건이 배열된 자체가 이미 고객을 향한 메시지라고 할 수 있다. 눈에 잘 보이는 물건에 소비자들은 더 많은 선택을 하는 이유가 바로 그 때문이다. 넛지nudge라는 말은 부드

럽게 소비자의 마음을 유도한다는 의미다. 잘 보이는 위치에 물건을 배치하면 소비자의 마음도 자연히 영향을 받기 마련이다. 하지만 그런 전략에도 불구하고 거기에 넘어가지 않는 경우가 있다. 충분한 정보를 알고 있는 사람이다. 전체 이야기를 아는 사람은 넛지의 전략에 넘어가지 않고 자신이 원하는 물건을 선택한다. 그리스도인은 큰 이야기, 큰 그림을 바라보면서 살아가는 사람이다. 단테Alighieri Dante의 『신곡』은 지옥을 통과한 후, 정화를 거쳐 천국을 향하여 나아가는 이야기다. 먼저 지옥을 경험한 사람이 천국을 지향하게 된다. 자기 내면의 지옥을 경험한 사람이 지옥의 반대 방향을 바라본다는 의미일 것이다. 성공만큼 실패가 주는 유익이 있다. 반대로 성공이 주는 당혹스러움이 있다. 플로리다 개 경주에서 고장 난 토끼를 잡은 개들이 당황했던 이유는 무엇일까. 성공을 좇아갈 때는 몰랐지만, 막상 성공을 움켜쥐니 당황스러웠던 것은 아니었을까. 움켜쥔 성공은 우리의 삶을 허무와 두려움에 빠뜨린다. 성공을 통해서 하나님의 은혜를 경험할 수 있지만, 그렇다고 해서 성공 자체가 하나님 나라는 아니다. 사람 안에는 영원을 사모하는 마음이 있다.전3:11 잡히지 않는 토끼에 대한 갈망이 있다. 그리스도인은 잡히지 않는 토끼, 고장 나지 않는 토끼를 잡으려고 달려가는 사람이다. 성공을 잡으면 무엇이 있을까. 성공을 움켜쥔 손을 펴면 무엇이 남아 있을까. 무언가 가득 차 있을 것 같지만 실상은 아무것도 없는 빈손일 뿐이다. 성공을 향한 근심이 아닌, 그 너머를 향한 근심을 해야 하는 이유다.

> "하나님의 뜻대로 하는 근심은 후회할 것이 없는 구원에 이르게 하는
> 회개를 이루는 것이요 세상 근심은 사망을 이루는 것이라"(고린도후서
> 7:10)

○　넛지nudge

'팔꿈치로 슬쩍 찌르다', '주위를 환기시킨다'는 뜻으로, 강압하지 않고 부드러
운 개입으로 사람들이 더 좋은 선택을 할 수 있도록 유도하는 방법을 말하는
경제학 용어다.

데리다의
조사

어느 날 우연히 데리다가 자신의 장례식을 위해 스스로 쓴 조사funeral address를 읽게 되었다. 그 조사를 읽어 내려가는데, 가슴속에 뭔가 뭉클함이 느껴졌다. 세계적으로 유명한 철학자로서의 데리다가 아니라 죽음을 앞둔 한 인간이, 자기 죽음의 침상에서 이러한 조사를 어렵사리 써 내려가는 모습의 인간 데리다가, 돌연히 내 앞에 등장하는 것 같았다. 이 조사를 되풀이해 읽으며 비로소 서서히 그에 대한 강렬한 연민, 호감, 그리고 호기심의 싹이 트이기 시작했다. 되돌아보니 이 장례식 조사와의 만남이 데리다와 데이트의 문이 열리게 된 사건이 되었다. …결국 2004년 10월 9일 데리다는 죽음을 맞이했고, 10월 12일 장례식이 거행된다. 데리다가 스스로 쓴 장례 조사는 그의 두 아들 중 큰아들인 피에르가 읽었다. "…내가 여러분을 향하여 끝까지 미소 지을 것처럼, 나를 향하여 미소 지어 주십시오. 언제나 삶을 사랑하고 그리고 살아남음을 무조건적으로 긍정하기를 멈추지 마십시오. 나는 여러분을 사랑합니다. 그리고 내가 어디에 있든지 여러분에게 미소 지을 것입니다."

– 강남순, 『데리다와의 데이트』, 행성B, 50-51쪽

데리다Jacques Derrida는 자신의 장례식 때 낭독할 조사를 미리 작성해 놓았다. 데리다의 장례식 때 큰아들 피에르Pierre가 아버지 데리다가 미리 작성해 놓았던 조사를 낭독했다. 데리다의 조사에는 "사랑"과 "미소"라는 두 단어가 나온다. 강남순 교수는 데리다의 조사에 나오는 사랑과 미소를 다음과 같이 해석한다. "나와 너를 연결하는 사랑과 무조건적인 환대의 메타포인 미소는 삶에 대한 무한한 긍정을 의미합니다." 그러니까 데리다가 자신의 조사를 통해서 하고 싶었던 말은 무엇일까. 데리다는 자신의 죽음을 슬퍼하는 이들에게 "살아남아"survival야 한다고 말한다. 죽은 자가 바라는 죽은 자를 위한 최고의 애도는 죽은 자를 슬퍼하는 것이 아니라, 남은 자들이 끝까지 삶을 긍정하면서 생존하는 것이라고 데리다는 말한다. 인간은 죽는다는 것을 아는 존재다. 그래서 전도서 기자는 살아있는 개가 죽은 사자보다 낫다고 말한다.전9:4 왜 살아있는 개가 죽은 사자보다 낫다고 했을까. 살아있을 때 죽음을 인식할 수 있고, 살아있다는 것이 그만큼 소중하기 때문이다. 죽음을 성찰하고 각성한 사람은 현재를 오롯이 살아간다. 과거에 집착하거나 미래의 염려에 사로잡히지 않는다. 전도서에는 헤벨헛됨이라는 단어가 38번 나온다. 헤벨은 '연기, 바람, 찰나'라는 뜻이다. 헤벨은 허무주의와 거리가 멀다. 인생이 유한하기에 삶이 더욱더 소중하다고 말한다. 이것이 전도서와 데리다가 우리에게 남긴 '조사'弔詞다.

"내가 네 곁으로 지나갈 때에 네가 피투성이가 되어 발짓하는 것을 보고 네게

이르기를 너는 피투성이라도 살아 있으라 다시 이르기를 너는 피투성이라도

살아있으라 하고"(에스겔 16:6)

인용한 책들

한줄기 빛, 복음

오뒷세이아
중력과 은총
그리스도는 누구인가
신약읽기
파우스트
브라운 신부의 순진
예스, 앤드
예기치 못한 기쁨
천년의 수업
이해인의 말
u2 보노 스토리
선하고 아름다운 하나님
유한 게임과 무한 게임
에릭 클랩튼
예배, 공동체, 삼위일체 하나님
마침내 미술관

말씀과 해석의 에움길, 말씀

어섬션
오리지널 에필로그
오독
나를 넘어서는 성경묵상
굿 라이프
오리엔탈리즘
읽는 인간
허클베리핀의 모험
우리는 책 앞에서 솔직해진다
소녀
나는 왜 믿는가
순전한 그리스도인
거룩한 회복탄력성

평균의 종말
당신의 벗, 루이스
해석의 에움길

매 순간 부르는 이름, 예배

눈물 한 방울
내 영혼의 번지점프
휴머니튜드 혁명
하나님을 향한 여정
아름다움, 그 숨은 숨결
공간 미식가
베토벤, 그 거룩한 울림에 관하여
벌거벗은 지금
나는 눈물에 춤을 바칩니다
위대한 이야기
아무에게도 말하지 않을 거라고 했지만
논어 백 가락
정확하고 완전한 사랑의 기억

내 얼굴 속에 있는 그리스도, 기독교 세계관

이야기에 관하여
우리 아버지
안나 카레니나
모비딕
삶의 정도
문학은 어떻게 신앙을 더 깊게 만드는가
언더그라운드
미술사의 신학
처음 가는 마을
우리 모두는 인지적 구두쇠다
철학이 필요한 순간

들리는 설교 유혹하는 예화

초판 1쇄 발행 2022년 12월 30일
초판 2쇄 발행 2023년 3월 6일

지은이 이재현
펴낸이 이재원

펴낸곳 선율
출판등록 2015년 2월 9일 제 2015-000003호
주소 경기도 구리시 동구릉로 148번길 15
전자우편 1005melody@naver.com
전화 070-4799-3024   팩스 0303-3442-3024
인쇄 성광인쇄

© 이재현, 2022

ISBN 979-11-88887-19-4   03230

값 17,000원